Aristóteles

Enrico Berti

Aristóteles

EDITORA
IDEIAS &
LETRAS

DIREÇÃO EDITORIAL:
Marlos Aurélio

CONSELHO EDITORIAL:
Avelino Grassi
Fábio E.R. Silva
Márcio Fabri dos Anjos
Mauro Vilela

TRADUÇÃO:
Ephraim Ferreira Alves

COPIDESQUE:
Ana Aline Guedes da Fonseca de Brito Batista

REVISÃO:
Leo Agapejev de Andrade

DIAGRAMAÇÃO:
Tatiana Alleoni Crivellari

CAPA:
Tatiane Santos de Oliveira

Título original: *Aristotele*
© Copyright by Editrice La Scuola, 2013.
Via Antonio Gramsci, 26
25121 Brescia (Itália)
ISBN: 978-88-350-3486-5

Todos os direitos em língua portuguesa, para o Brasil, reservados à Editora Ideias & Letras, 2020.
2ª impressão.

Rua Barão de Itapetiniga, 274
República - São Paulo/SP
Cep: 01042-000 – (11) 3862-4831
Televendas: 0800 777 6004
vendas@ideiaseletras.com.br
www.ideiaseletras.com.br

Dados Internacionais de Catalogação na Publicação (CIP)
(Câmara Brasileira do Livro, SP, Brasil)

Aristóteles / Enrico Berti;
[tradução Ephraim Ferreira Alves]
São Paulo: Ideias & Letras, 2015.
Série Pensamento Dinâmico

ISBN 978-85-65893-99-2

1. Aristóteles 2. Filosofia antiga
I. Título. II. Série.

15-08302   CDD-185

Índices para catálogo sistemático:
1. Aristóteles: Obras filosóficas   185
2. Filosofia aristotélica   185

Sumário

I. Biografia | 7
II. Análise das obras | 17

1. Características gerais | 19
2. Diálogos e outras obras perdidas | 23
3. Obras de lógica e dialética | 27
4. Obras de física e de cosmologia | 55
5. Obras de psicologia e de biologia | 71
6. Metafísica | 91
7. Obras de ética e de política | 113
8. *Retórica* e *Poética* | 131

III. Conceitos-chave | 139
IV. História dos efeitos | 153

1. Antiguidade | 155
2. Idade Média | 159
3. Idade Moderna | 166
4. Idade Contemporânea | 170

Referências bibliográficas | 175
Índice onomástico | 183

1. Biografia

As fontes das notícias que possuímos sobre a vida de Aristóteles são as antigas biografias, dentre as quais a mais célebre é a de Diógenes Laércio, mas todas elas remontam a vários séculos após a morte do filósofo e se utilizam de testemunhos anteriores, nem todos confiáveis, por sofrerem a influência de uma hostilidade preconcebida ou por terem intenções laudatórias e, por isso, devem ser considerados com alguma reserva.[1] A biografia de Diógenes Laércio contém um testamento de Aristóteles, aparentemente autêntico. Pode-se afirmar, com certeza, que Aristóteles nasceu em 384-383 a.C., em Estagira, colônia jônica, situada ao norte da Grécia, perto do reino da Macedônia. Seu pai, Nicômaco, era o médico do rei, mas parece que morreu precocemente, pois Aristóteles foi criado pelo cunhado Proxeno (esposo da irmã mais velha), que era de Atarneia, cidade da Ásia Menor. Quando completou 17 anos, por volta de 367-366 a.C., Aristóteles foi encaminhado para Atenas, a fim de frequentar a Academia de Platão. Permaneceu ali até a morte deste, por volta de 348-347 a.C. Frequentou a Academia durante vinte anos. Nesse período, Aristóteles participava dos debates que se realizavam dentro

---

1 Uma coletânea completa das fontes se acha em I. Düring, *Aristotle in the Ancient Biographical Tradition*. Almqvist & Wiksell: Göteborg, 1957.

da escola, entre Platão e os seus discípulos (Espeusipo, Xenócrates, Heráclides Pôntico, Filipe de Opunte). Nesses debates, também tomavam parte personalidades de fora da Academia, como o matemático Eudóxio de Cnido e o médico Filistião de Siracusa. Aristóteles, portanto, ouviu as lições orais de Platão, escreveu diálogos que imitavam o gênero literário inaugurado por este, engajou-se na política cultural dessa escola com um texto de exortação à filosofia (o *Protréptico*), dirigido a um príncipe de Chipre, talvez tenha também ministrado aulas de retórica (fazendo concorrência com a escola do retor ateniense Isócrates) e de dialética (técnica sobre a qual redigiu um tratado, os *Tópicos*). Já nessa época, Aristóteles deve ter gozado de alguma notoriedade, pois foi o alvo de uma obra em quatro livros, escrita contra ele por um certo Cefisodoro, discípulo de Isócrates.

Tendo deixado a Academia, Aristóteles se dirigiu para Axos, cidade da Ásia Menor, governada pelo senhor de Atarneia, Hérmias (que Aristóteles conhecera na Academia, ou talvez mesmo antes), onde permaneceu por três anos junto a outros acadêmicos (Erasto, Corisco e talvez também Teofrasto de Éreso, que se tornaria seu discípulo e colaborador). Daí, por volta de 345-344 a.C., Aristóteles partiu com Teofrasto para Mitilene, na Ilha de Lesbos (onde se achava também Éreso, a cidade do discípulo), dedicando-se, com este último, a pesquisas sobre os animais (peixes, moluscos e crustáceos típicos daquela região). Mas após dois anos, por volta de 343-342 a.C., foi chamado pelo rei Filipe II, da Macedônia, para as funções de preceptor do filho do rei, Alexandre, então com 15 anos. Parece que Filipe teria dado hospedagem a Aristóteles, que talvez tivesse conhecido pelas ligações do pai com a corte macedônia, mas que evidentemente deveria já possuir uma certa reputação, em uma localidade chamada Mieza, próxima da nova capital da Macedônia, Pella. Ali, Aristóteles se dedicou à educação de Alexandre e de outros jovens coetâneos. Provavelmente, remontam a esse período dois diálogos escritos por Aristóteles, *Sobre o Reino* e *Alexandre ou Sobre a Colonização*. Por volta de 341-340 a.c., Alexandre foi associado ao trono e então Aristóteles voltou para Estagira que, nesse meio tempo, fora arrasada por Filipe, provavelmente porque lhe havia resistido. Mas ele conseguiu do rei a reconstrução da cidade. Àquela altura, Hérmias, que tinha hospedado Aristóteles em Axos, foi capturado e morto pelos persas por ter colaborado com o rei Filipe, e Aristóteles escreveu em sua honra o *Hino à Virtude*. Ao mesmo tempo, deu continuidade a suas pesquisas. Compilou, por exemplo, em colaboração com Calístenes, filho de uma prima sua, um catálogo dos vencedores dos Jogos Píticos, que lhe valeu uma coroa decretada pelos anfictiões de Delfos. Foi provavelmente nesse período que Aristóteles se casou com Pítias, sobrinha de Hérmias, que lhe deu uma filha, a qual recebeu o mesmo nome da mãe, talvez porque esta teria morrido ao dá-la à luz. Naquela época, não era costume os filósofos se casarem, como prova o fato de que o matrimônio de Sócrates, sendo uma exceção, foi objeto de muitas anedotas hostis à mulher, Xantipa.

Por volta de 335-334 a.C., enquanto Alexandre estava travando a guerra contra a Pérsia, cuja conquista o tornaria o maior comandante militar da Antiguidade, Aristóteles regressou a Atenas para se dedicar ao magistério em uma escola que fundou, embora, como estrangeiro, não pudesse ser o seu proprietário. Todos os filósofos, com efeito, consideravam Atenas o centro cultural de toda a Grécia, e alguns anos antes, quando morreu Espeusipo, que fora o sucessor de Platão à frente da Academia, alguns membros da escola tinham proposto que se chamasse Aristóteles para o lugar dele, mas, por ele se achar ausente, foi eleito outro, Xenócrates. Ao pisar novamente o solo da Ática, lembrando-se dos anos que ali transcorrera na escola de Platão, Aristóteles escreveu uma elegia em que imaginava erigir um altar à amizade por seu mestre, definindo-o como aquele homem que os malvados não eram nem mesmo dignos de louvar. Portanto, a nova escola por ele fundada se apresentava como a verdadeira herdeira da Academia platônica, fazendo concorrência à Academia de Xenócrates.

Naquela época, Atenas perdera a hegemonia sobre a Grécia, de que havia gozado no tempo de Péricles, e que em seguida passara a Esparta e, por fim, a Tebas. Aliás, Atenas tentara, coligando-se com algumas outras cidades gregas, se opor à nova hegemonia do reino da Macedônia, acabando derrotada por Filipe na batalha de Queroneia (338 a.C.). Desse modo, a cidade caíra na esfera de influência da Macedônia, embora conservasse internamente uma certa autonomia e um governo de tipo democrático, em linha com a tradição que remontava a Sólon, que Aristóteles elogiou no seu tratado sobre a *Política*. Tratava-se, no entanto, de uma democracia que consistia, como em todas as cidades antigas, no governo dos chefes de família, do qual ficavam excluídos as mulheres e os escravos. O patriarcado e a escravidão, presentes em todas as cidades antigas, naquela época eram considerados absolutamente naturais e provavelmente eram uma exigência da estrutura econômica pré-industrial daquela sociedade.

Na sua escola, localizada no Liceu, jardim dedicado a Apolo Lício, Aristóteles ministrou cursos de lógica, física, metafísica, ética, política, retórica e poética. Em suma, cursos de todos os temas que iriam se tornar disciplinas filosóficas tradicionais, e desenvolveu ainda pesquisas de cosmologia, psicologia, zoologia, economia, história (colecionou, com a colaboração dos discípulos, as constituições de 158 cidades gregas), provando assim ser um cientista enciclopédico. Teve como discípulos e colaboradores Teofrasto que, após a morte do filósofo, iria substituí-lo na direção da escola; Eudemo de Rodes, que iria publicar a obra de ética, que receberia o seu nome, *Ética a Eudemo*; Aristoxeno, Dicearco, Estratão e outros. Ao que parece, Aristóteles ministrava as lições passeando para cá e para lá ou, como na escola havia uma alameda para passear, chamada perípato, a escola de Aristóteles ganhou também o nome de Perípato e os seus discípulos ficaram conhecidos como peripatéticos. É provável que nesse período Aristóteles tenha gerado o filho Nicômaco, e daí talvez venha o título de uma outra obra de ética – *Ética a Nicômaco* –, pois teria por destinatário ou editor esse filho. A mãe de Nicômaco se chamava Herpilis que, segundo alguns biógrafos, Aristóteles tomou por esposa depois de ter enviuvado e, segundo outros, tomou-a por concubina.

Em 324-323 a.C., chegou a notícia da morte de Alexandre, ocorrida na Pérsia, e isso provocou uma rebelião contra a Macedônia em todas as cidades gregas, inclusive Atenas. Aristóteles certamente gozava da fama de ser amigo do rei, pois fora o preceptor de Alexandre, embora durante a expedição à Pérsia as relações entre os dois andassem estremecidas, pois Alexandre mandara matar alguns de seus amigos, entre estes Calístenes, parente do filósofo. As cartas entre Aristóteles e Alexandre que chegaram até nós são certamente apócrifas. Quanto às notícias informando que Alexandre teria mandado para Aristóteles animais exóticos para estudá-los, são incontroláveis. É provável que Aristóteles fosse amigo de Antípatro, o lugar-tenente de Alexandre para a Grécia, como se depreende do fato de tê-lo nomeado executor do seu testamento. Fato é que o partido antimacedônio moveu contra o filósofo um processo por impiedade, sob a acusação de ter divinizado Hérmias no *Hino à virtude*. Por isso, no ano 323-322 a.C., Aristóteles fugiu de Atenas e retirou-se para Cálcides, na Ilha de Eubeia, de onde provinha sua mãe, que lhe deixara em herança uma casa. Ali, após um ano, faleceu aos 62 anos de idade, em 322-321 a.C.

No testamento, Aristóteles demonstrou um particular apego à família: ele dispõe que o sobrinho Nicanor, que adotara, quando voltasse da guerra contra a Pérsia, desposasse a filha Pítias e cuidasse do menino Nicômaco, bem como de Herpilis, para a qual Aristóteles determinou que fosse deixada a casa de Estagira ou uma residência em Cálcides, junto a outros bens e com um dote para a eventualidade de ela querer se casar, recomendando que encontrasse um marido não indigno do próprio Aristóteles (o que levaria a pensar que se tratava de sua mulher). Além disso, Aristóteles dispõe que fossem postos em liberdade todos os seus escravos, cada um com o necessário para viverem; que fossem erigidas estátuas à sua mãe, aos seus irmãos, a Proxeno e a Nicanor; que os ossos da mulher, Pítias, fossem sepultados junto a ele; e, enfim, que Nicanor, caso regressasse incólume, cumprisse o voto feito para ele por Aristóteles, erguendo estátuas a Zeus e a Atena, o que atestava que o filósofo praticava o culto aos deuses.

II.
Análise das obras

1. Características gerais

De Aristóteles, chegou até nós um importante corpo de obras, o *Corpus Aristotelicum*, constituído por uma série de tratados que ele escreveu, não visando uma publicação no verdadeiro sentido e destinada a um público qualquer, mas em vista do seu magistério, ou seja, para seus discípulos. Trata-se, portanto, de apontamentos redigidos pelo próprio Aristóteles ou em parte, também, por este ou aquele discípulo; portanto, não cuidadosamente trabalhados do ponto de vista literário, mas organizados em tratados por argumento, disciplina, e articulados em "livros" que deveriam, originariamente, ser rolos (volumes) manuscritos. Cada tratado parece conter as lições ministradas em um curso, tratar de uma disciplina, ou em alguns casos (por exemplo, no caso da *Metafísica*), de vários cursos, mas há também mais de um tratado e, portanto, mais cursos de uma mesma disciplina (no caso, por exemplo, das *Éticas*, respectivamente a *Nicomaqueia* e a *Eudêmia*). Não estamos dizendo que se trate sempre de cursos mantidos no Liceu, porque alguns deles (por exemplo, os *Tópicos*), ou algumas partes destes, podem ter sido realizados já no período transcorrido por Aristóteles na Academia, ou no período transcorrido em Axos, onde o filósofo teve igualmente discípulos.

Por conseguinte, esses tratados tiveram uma circulação muito limitada no período helenístico (séculos III-II a.C.), ao passo que foram "editados", isto é, ordenados e transcritos em inúmeras cópias, no século I a.c., ao que parece, por Andrônico de Rodes, então à frente da escola do perípato, não se sabe se em Atenas, onde se localizava a escola, ou em Roma, para onde haviam sido levados por Silas, na época em que os romanos conquistaram a Grécia. Segundo narram Estrabão e Plutarco, eles haviam sido deixados por Teofrasto, sucessor de Aristóteles na direção do Perípato, a seu sobrinho Neleu, que os teria levado para Cepsis, na Ásia Menor, e os teria escondido em uma adega para salvá-los dos enviados do rei de Pérgamo, que pretendia monopolizar os manuscritos do filósofo. Os manuscritos teriam sido redescobertos por um certo Apelicão de Atenas, levados por Silas para Roma, revisados por Tiranião e editados por Andrônico. Todavia, a veracidade de toda essa história é objeto de controvérsia.

O texto da edição do século I a.C. foi transmitido por diversos manuscritos, e dentre estes os mais antigos que possuímos remontam ao século X d.C. Foi mais tarde impresso em Veneza, no século XV, e foi publicado em forma de edição crítica, mediante uma "colação" (coleta e confronto) dos manuscritos disponíveis, em 1831, por Immanuel Bekker com o patrocínio da Academia Prussiana das Ciências em Berlim. A edição de Bekker constitui o ponto de referência obrigatório para todas as citações, que devem mencionar a página, a coluna (*a* ou *b*) e as linhas desta, em que se acha a passagem citada. Um exemplo: o célebre início da *Metafísica*, em que se lê "todos os seres humanos, por natureza, desejam o saber", se encontra em *Metaph*. (abreviatura do latim *Metaphysica*, porque é costume citar os títulos das obras em latim) 980 *a* 21, que significa à página 980, coluna *a*, linha 21, da edição Bekker.[1]

Mas dos antigos catálogos das obras de Aristóteles, transmitidos pelas biografias antigas e que provavelmente remontam à célebre biblioteca do Museu de Alexandria, depreende-se que eram atribuídas ao filósofo muitas outras obras que não chegaram até nós, algumas delas em forma de diálogo, outras como notas, listas, *pró-memória*, catálogos e resumos, assim como um número enorme de livros, muitos dos quais certamente deveriam ser apócrifos, não

---

1 ARISTÓTELES. *Opera, ex recensione* I. Bekkeri. edidit Academia Regia Borussica, 5 vols., Berlin: Reimer, 1831-1870. Os primeiros dois volumes, editados por Bekker, contêm todas as obras conservadas. O vol. III, cuja edição também coube ao mesmo Bekker, contém as traduções latinas renascentistas das obras conservadas. O volume IV contém os escólios antigos referentes a Aristóteles, editados por A. Brandis, e o comentário de Siriano à *Metafísica*, edição preparada por H. Usener. O volume V contém os fragmentos das obras que se perderam, edição a cargo de V. Rose, e o *Index Aristotelicus* de H. Bonitz. Da obra, foi elaborada uma nova edição a cargo de O. Gigon, que reproduz os volumes I-II (Aristotelis *Opera*, editio altera, W. de Gruyter, Berlim, 1960), e os volumes IV-V (este último só com o *Index Aristotelicus* de Bonitz, *ibid.*, 1961), ao passo que é totalmente novo o volume III, Aristotelis *Librorum Deperditorum Fragmenta*, collegit et adnotationibus instruxit O. Gigon, *ibid.*, 1987.

escritos por Aristóteles. O texto dos diálogos não chegou até nós, ainda que tenham tido com certeza grande circulação até o século II d.C., quando, provavelmente, foram postos de lado ou não mais transcritos, devido ao grande interesse despertado pela edição dos tratados, e então se perderam. Desses se conhecem efetivamente numerosas citações, algumas do próprio Aristóteles, outras de autores antigos, que delas podiam dispor, como Cícero, Filodemo, Fílon, Sêneca, Ateneu, Alexandre de Afrodísias, Plutarco, Diógenes Laércio, Jâmblico, Proclo, e que hoje são consideradas "fragmentos" (não compreendidos, portanto, em sentido literal). Esses diálogos deveriam ser destinados ao grande público, pois estavam redigidos em um estilo muito cuidadoso (que Cícero chama de *flumen aureum*, "rio de ouro"), e tinham em geral como título o nome de algum personagem, como muitos dos diálogos platônicos, mas diversamente deles compreendiam como interlocutor o próprio Aristóteles (expediente imitado por Cícero).

Como Aristóteles em seus tratados remete algumas vezes a "discursos exotéricos" (*logoi exôterikoí*), "externos", acreditou-se que com essa expressão ele se referisse aos seus diálogos, enquanto destinados ao público de fora da sua escola, e por isso os seus tratados receberam o nome de "esotéricos" (*esôterikoí*), "internos" à escola (expressão ausente em Aristóteles), ou também "acroamáticos", destinados à audição (*akroasis*). Mas "exotéricos" poderia também significar externos à disciplina da qual se está tratando, e "esotéricos" não se deve em absoluto compreender no sentido de "secretos", ou reservados aos iniciados, como alguns acreditaram.

2. Diálogos e outras obras perdidas

Negligenciados pela tradição dos comentadores, os diálogos perdidos de Aristóteles foram reavaliados por Werner Jaeger, que sustentou que Aristóteles teria evoluído de uma adesão juvenil ao platonismo, cuja expressão se encontraria justamente nos diálogos, para uma fase intermediária, constituída por uma primeira crítica do platonismo, da qual seriam expressão as partes mais antigas dos tratados e, por fim, a uma definitiva crítica do platonismo, cuja expressão se encontraria nos livros de uma idade mais madura.[2] Embora seja fundamental levar em conta as circunstâncias históricas em que se passou a vida de Aristóteles, as teses de Jaeger não se mostraram completamente verdadeiras, sobretudo aquela segundo a qual os diálogos seriam a expressão de uma fase platônica do pensamento de Aristóteles. Alguns diálogos são, com certeza, juvenis, compostos no período em que Aristóteles passou na Academia

---
2 JAEGER, W. *Aristoteles. Grundlegung einer Geschichte Seiner Entwicklung*. Berlin: Weidmann, 1923, tradutor de G. Calogero: Firenze: La Nuova Italia, 1935, nova edição com introdução de E. Berti, Milano: Sansoni-RCS Libri, 2004.

de Platão. O *Grilo*, por exemplo, foi escrito pouco depois de 362 a.C., ano da morte de Grilo, filho de Xenofonte, quando Aristóteles teria pouco mais de 22 anos. Ele criticava o tipo de retórica baseado na moção dos afetos, em vez de se basear nos argumentos dialéticos, como era a prática de Isócrates, e com isso abriu a porta para um ensino de retórica mantido por Aristóteles na Academia.[3] Pode-se também considerar como juvenil o *Eudemo*, diálogo escrito por Aristóteles pouco depois de 354 a.C., ano do falecimento do seu amigo acadêmico Eudemo de Chipre (que não deve ser confundido com o Eudemo de Rodes, editor da *Ética a Eudemo*), no qual se afirma a imortalidade da alma, mas já se acha presente a concepção da substância que vamos encontrar nas *Categorias*, segundo a qual a substância não tem contrário.

Igualmente o *Protréptico*, que não se sabe se seria um diálogo ou um discurso, deveria ter sido escrito por volta de 353 a.C., ano em que Isócrates publicou a oração intitulada *Antidosis* ("permuta" ou "troca"), que constitui uma réplica ao *Protréptico*, ou é um discurso ao qual o *Protréptico* responde. Nesse período, Aristóteles ainda estava na Academia, mas tinha agora 30 anos, e era, portanto, um filósofo maduro. Nele, Aristóteles, dirigindo-se em nome da Academia a Temísones, rei de uma das cidades de Chipre, enaltece o ideal acadêmico de uma vida dedicada à

---

3 Para esta e outras notícias sobre o período acadêmico, remeto ao meu livro *La Filosofia del "Primo" Aristotele*. Padova: Cedam, 1962 (Milano: Vita e Pensiero, 2ª, 1997).

filosofia, e de filosofia a serviço da política, mas já professando uma concepção finalística da natureza e uma visão hierárquica das faculdades humanas que vão ser encontradas nos escritos de uma idade mais madura. Os elementos de platonismo, presentes no *Protréptico* (a concepção da morte como libertação) e, sobretudo, no *Eudemo* (a doutrina do conhecimento como reminiscência, a afirmação segundo a qual seria melhor jamais ter nascido), poderiam pertencer a intervenções feitas pelo personagem de Platão, que era um dos interlocutores dos diálogos aristotélicos. Pode-se afirmar a mesma coisa acerca do diálogo *Sobre a Filosofia*, cuja data não se conhece, mas que pertence muito provavelmente ao período acadêmico. Neste, Aristóteles já criticava a doutrina platônica das Ideias e dos números ideais, e negava a geração do mundo sensível contada por Platão no *Timeu*, sustentando, ao contrário, que o mundo é eterno. Professava, além disso, a concepção segundo a qual o céu seria posto em movimento circular, girando em torno do próprio eixo, graças a um motor imóvel, concebido ao mesmo tempo como uma mente e, portanto, como um deus, embora em certo momento do diálogo se fale desse deus como de um demiurgo, concebido à maneira do *Timeu*.

Ao período acadêmico remonta, além disso, um trabalho intitulado *Sobre o Bem*. Neste, Aristóteles expunha uma conferência, ou um curso de lições ministrado por Platão sobre esse tema, na qual se dividiam as coisas sensíveis em duas grandes classes, as coisas "por si" e aquelas "relativas a outra coisa", reduzindo ambas a Ideias; em seguida, se reduziam as Ideias a números ideais e estes a dois princípios opostos, a saber, o Uno, também denominado o Bem, e a Díade indefinida, designada também como Grande-Pequeno. Trata-se das assim chamadas "doutrinas não escritas" (*agrapha dogmata*) de Platão, mencionadas por Aristóteles inclusive nos seus tratados (*Physica* IV 2, 209 *b* 14-15) que, segundo os comentadores, Aristóteles teria transcrito. Mas remonta quase certamente ao período acadêmico, porque é pressuposto por uma das partes mais antigas da *Metaphysica* (*Livro I*) um tratado ou diálogo perdido (*Sobre as Ideias*) em que Aristóteles expunha e criticava tanto a doutrina das Ideias como também a doutrina platônica dos números ideais e dos seus dois princípios, isto é, precisamente as "doutrinas não escritas" de Platão. Isso demonstra que já no período acadêmico Aristóteles havia se separado de Platão; tinha, portanto, elaborado uma concepção filosófica própria, original, aquela que se acha nos tratados.

Sendo assim, mesmo algumas partes dos tratados, como já se disse, podem remontar ao período acadêmico, bem como alguns diálogos podem ter sido redigidos em períodos posteriores (já mencionamos o diálogo *Sobre o Reino* e o diálogo *Alexandre ou Sobre a Colonização*). A meu ver, por exemplo, os *Tópicos*, tratado sobre a dialética, e o tratado com o título *Categorias*, que fornece muitas noções para os

Tópicos – e por isso, de acordo com alguns comentadores antigos, se intitulava também *Preliminares aos Tópicos* (*Pro tôn Topikôn*, ou *Pro tôn topôn*) – remontam muito provavelmente ao período acadêmico. Mas a este remontam igualmente escritos como as *Divisões*, igualmente úteis para a dialética, embora outros autores possam ter introduzido ali, mais tarde, alguns acréscimos (coisa muito fácil nos manuscritos antigos).[4]

3. Obras de lógica e dialética

O *Corpus Aristotelicum*, que se supõe editado por Andrônico no século I a.C., abre-se com uma série de tratados: *Categorias, Da Interpretação (De Interpretatione), Analíticos Primeiros, Analíticos Segundos, Tópicos, Elencos Sofísticos,* considerados tradicionalmente as obras de lógica de Aristóteles. Entende-se por "lógica" uma disciplina fundada pelo próprio Aristóteles (embora muitos dos elementos dessa disciplina já se achem em Platão). E esta teria como objeto o *logos*, que em grego quer dizer pensamento, discurso ou palavra. Como, segundo Andrônico, essa disciplina teria servido como "instrumento" para todas as outras, a coletânea das supramencionadas obras de lógica recebeu o nome de *Organon*, palavra grega que significa precisamente "instrumento". Em Aristóteles, todavia, não se acha nenhum traço dessa concepção,

---

[4] ARISTÓTELES e outros autores. *Divisioni*, edição a cargo de C. Rossitto. Milano: Bompiani, 2005.

ao passo que o termo "lógico", que Aristóteles emprega para indicar um certo tipo de discurso, é para ele sinônimo de "dialético"; e a "dialética", por sua vez, é a técnica para se discutir com outra pessoa no intuito de refutá-la ou não se deixar refutar por ninguém. Como se trava uma discussão por meio de *logoi*, de discursos ou de argumentos, e como todos os já mencionados tratados têm a ver com os *logoi*, pode-se afirmar que eles contêm a lógica de Aristóteles. Pode ser também justificada a decisão dos editores de colocarem esses tratados no início do *Corpus*, porque de fato Aristóteles principia o estudo da realidade partindo da linguagem, do modo como as coisas "são ditas" (*legetai*). Não é por acaso que os filósofos do século XX, que consideram a filosofia como análise da linguagem, ou seja, os assim chamados filósofos "analíticos", consideram Aristóteles como um precursor dessa maneira de compreender a filosofia. No entanto, como veremos adiante, Aristóteles não se detém com certeza nesse tipo de análise, mas dela se serve para conhecer e explicar a realidade.

Nas *Categorias*, termo que para ele quer dizer "predicados" – do verbo *katêgorein*, originariamente "acusar", mas depois "predicar", significando dizer alguma coisa (predicado) a respeito de uma outra coisa (sujeito) –, Aristóteles aborda as coisas que "são ditas sem conexão", ou seja, por meio de palavras isoladas, como os nomes ou os verbos, palavras tomadas em si mesmas e não como partes de um discurso. Há coisas, observa Aristóteles, que têm em comum um nome que se usa com o mesmo significado, isto é, com a mesma definição ("definição" é o discurso que exprime a *ousia*, a essência, aquilo que a coisa é). Por exemplo, o homem e o boi possuem em comum o nome *zôon*, usado com o significado de "animal", ou seja, referindo-se a ambos com a mesma definição (digamos "um ser vivo, capaz de se mover e perceber"): essas coisas se chamam "sinônimas". Há, no entanto, coisas que têm igualmente o mesmo nome, mas este é usado com significados, com definições completamente diferentes. Por exemplo, um homem e um pintado têm, também eles, em comum o nome de *zôon* (o qual em grego significa, além de "animal", também "pintado"), mas possuem, claro, diferentes definições: essas coisas se denominam "homônimas".[5] Trata-se de uma distinção que é importante levar sempre em conta nas discussões, ao se exercitar a dialética, visto que pode acontecer que um interlocutor pretenda refutar-nos usando a mesma palavra com significados diversos. Mas nesse caso a refutação não é válida (vai cair na falácia da "homonímia"). Todavia, como iremos ver, essa distinção se mostrará importante inclusive para a metafísica.

> *Das coisas que há – continua Aristóteles – algumas são ditas* (légetai) *e de um sujeito, mas não estão em nenhum sujeito; por exemplo, "homem" se diz de um sujeito, quer dizer, de "um certo homem", mas não está em nenhum sujeito.*[6]

---

5 Arist., *Cat.*, 1, 1 *a* 1-12.
6 *Ibid.*, 2, 1 *a* 20-22.

Com essas palavras se introduz a distinção fundamental entre sujeito e predicado. "Sujeito" (em grego, *hypokeimenon*, literalmente "aquilo que está por baixo", ou "substância") é a coisa da qual se está falando. Por exemplo, "um certo homem", digamos Sócrates. "Dita de um sujeito" é a coisa que se predica do sujeito, por exemplo, "homem". Os exemplos revelam que o sujeito, na concepção de Aristóteles, é um indivíduo, enquanto que o predicado é um "universal", ou seja, algo que se diz de muitos indivíduos. Para Platão, a verdadeira realidade eram precisamente os "universais", por eles denominados "formas" ou "Ideias" (escrevo esse nome com maiúscula porque em Platão se refere não a conteúdos mentais, como na linguagem moderna, mas a objetos universais), existentes em si, separados das coisas sensíveis, enquanto para Aristóteles os universais são simples predicados, exprimem a essência das coisas individuais, sem estarem separados das coisas. Dessa distinção serve-se, portanto, Aristóteles para criticar a doutrina platônica das Ideias.

> Outras coisas – continua Aristóteles – estão em um sujeito, mas não se dizem de nenhum sujeito. Por exemplo, um certo branco está em um sujeito, isto é, no corpo, porque toda cor está em um corpo, mas não se diz de nenhum sujeito.[7]

Aqui são introduzidas coisas que, a seguir, receberão o nome de "acidentes", coisas que estão em

---

7 Ibid., 2, 1 a 23-29.

um sujeito no sentido de não poderem existir, a não ser em um sujeito. Não existem "em si", mas são diferentes dos universais mencionados acima, porque não são predicados de muitos indivíduos. O exemplo de "um certo branco" mostra que não se está falando do "branco" em geral, que pode ser dito de muitos corpos, mas do branco que é próprio de um certo indivíduo. Por exemplo, o branco de Sócrates, nesse caso, um branco particular. Também os acidentes, no entanto, podem ser universais, como, por exemplo, quando se diz "branco" em geral, quando são predicados de acidentes particulares, por exemplo, de muitos brancos particulares. Com essa segunda distinção, Aristóteles introduziu, inferindo-os da análise da linguagem, dois critérios, por assim dizer, cruzados entre si: a distinção vertical entre predicados universais e sujeitos individuais (vertical porque os universais estão em certo sentido "acima" dos particulares), e a distinção horizontal entre acidentes e sujeitos existentes em si, que serão chamados de "substâncias" (horizontal porque os acidentes estão em certo sentido ao lado das substâncias). Esses critérios permitem-lhe classificar todas as coisas que são ditas sem conexão, isto é, todas as coisas que há.

Os universais podem ser predicados diretamente dos indivíduos e, nesse caso, são "espécies" (por exemplo, "homem"), ou podem ser predicados das espécies, caso em que são "gêneros" (por exemplo, "animal"). Obviamente, o universal que se predica da espécie é também predicado do indivíduo.

Exemplo: "animal", predicado de "homem", pode ser também predicado de "um certo homem", digamos, Sócrates.[8] O predicado que no âmbito de um gênero distingue uma espécie da outra, por exemplo, o homem do cavalo, recebe o nome de "diferença específica": por exemplo, "bípede". A indicação conjunta do gênero e da diferença específica forma a "definição". Exemplo: "animal bípede" é uma definição de homem. A definição, portanto, refere-se à espécie, e serve para identificar a espécie, não o indivíduo, porque entre indivíduos da mesma espécie não existe nenhuma diferença específica. Platão, que fora o primeiro a se ocupar com os universais, a saber, com os gêneros e as espécies, que ele considerava como as verdadeiras realidades, havia inaugurado um método para definir a "divisão". Esta, no entanto, procedia, conforme alguns diálogos (*Sofista, Político*), com um método dicotômico, distinguindo em cada gênero duas espécies. Por exemplo: para definir o pescador, Platão distinguia o homem com arte do homem sem arte, no homem com arte distinguia aquele com arte aquisitiva daquele com arte produtiva; no homem com arte aquisitiva distinguia aquele com arte aquisitiva apropriativa daquele com arte aquisitiva permutativa, e assim por diante.[9] Aristóteles, ao invés, admite, como Platão já fazia no *Filebo*, que um mesmo gênero poderia compreender muitas espécies e, por isso, não basta proceder pelo

---
8 *Ibid.*, 3, 1 *b* 10-15.
9 Plat., *Soph.*, 218 *e*-219 *d*.

método dicotômico, mas se faz necessária uma divisão mais complexa.[10]

Igualmente, a distinção entre substâncias e acidentes, em certo sentido, já estava presente em Platão, que distinguia, como vimos, as coisas sensíveis em "para si" e "relativas a outro", quer nas doutrinas não escritas, quer nos diálogos.[11] Mas Aristóteles não se contenta com essa dicotomia e propõe, no nível dos predicados universais, uma divisão mais complexa. "Das coisas ditas sem conexão – afirma o filósofo – cada uma significa ou substância (*ousia*) ou quanto, qual, ou relativo a alguma coisa, ou quando, ou jazer, ou ter, ou fazer, ou sofrer".[12] Essa é a famosa doutrina das categorias ou predicados mais universais, ou gêneros supremos dos entes, segundo a qual a primeira categoria indica as substâncias: por exemplo, homem ou cavalo; a segunda indica as quantidades: por exemplo, de dois côvados ou de três côvados; a terceira indica as qualidades: por exemplo, branco ou capaz de ler e escrever; a quarta indica as relações, por exemplo, dobro, metade, maior; a quinta indica os lugares: por exemplo, no Liceu ou na ágora; a sexta indica os tempos: por exemplo, ontem ou no ano passado; a sétima indica o modo de jazer: por exemplo, estirado ou sentado; a oitava indica o ter: por exemplo, ter os calçados ou as armas; a nona indica as ações que se realizam: por exemplo, cortar ou

---
10 Exemplos de divisões mais complexas se acham nas citadas *Divisões*.
11 Plat., *Soph.*, 255 c.
12 Aristot., *Cat.*, 4, 1 b 25-27.

queimar; e a décima indica as ações que se padecem: por exemplo, ser cortado ou ser queimado. Em uma única outra passagem das suas obras, Aristóteles repete essa lista, precisando que as categorias são dez em número, e substituindo o nome "substância" pela expressão "o que é",[13] ao passo que outras vezes menciona oito categorias, seis ou quatro. Isso significa que, para ele, o número das categorias não tem particular importância, e a lista não é "demonstrada", mas simplesmente inferida da análise da linguagem, sem pretensão alguma de exatidão ou de exaustividade.

A propósito da substância, no entanto, Aristóteles distingue a "substância primeira", que é o sujeito individual, o qual não é nem dito de outro, como os universais, nem existente em outro, como os acidentes, por exemplo. "Um certo homem" ou "um certo cavalo", e as "substâncias segundas", que são as espécies e os gêneros das substâncias, por exemplo, "homem" e "animal". O filósofo explica que o título de "substância primeira" compete aos sujeitos individuais, porque eles são a condição da existência tanto dos universais como dos acidentes, a saber, de todas as outras coisas; que entre as "substâncias segundas" as espécies são substâncias com maior razão ainda do que os gêneros, porque desempenham a função de sujeito do qual são predicados os gêneros; que, todavia, entre as espécies de um mesmo gênero nenhuma é mais substância do que as outras, mas todas o são ao mesmo título, como também, entre os indivíduos da

---

13 Aristot., *Top.*, I 9, 103 *b* 20-23.

mesma espécie, nenhum é mais substância do que os outros. Em poucas palavras, a substância não admite "mais ou menos". Por isso não se pode, por exemplo, ser mais ou menos homem, mas todos os homens são homens ao mesmo título. Isto quer dizer também que o gênero é predicado das suas espécies sempre com a mesma definição, e a espécie é predicado dos indivíduos sempre com a mesma definição, ou seja, os indivíduos de uma mesma espécie são entre si "sinônimos", e as espécies do mesmo gênero são entre si igualmente "sinônimas".[14]

A substância primeira é indicada por Aristóteles também com a expressão, que ele mesmo cunhou, "um certo isto" (*tode tí*), a cujo respeito ele afirma que é "individual e uno em número", ao passo que as outras categorias indicam, no âmbito particular, "um certo qual", a saber, uma certa qualidade etc. As substâncias, quer as primeiras quer as segundas, conforme Aristóteles, não têm contrários. Por exemplo, nada é contrário a "homem" ou a "animal". A substância primeira, porém, pode, permanecendo idêntica a si mesma e una em número, acolher dentro de si os contrários; por exemplo, um certo homem, permanecendo uno e o mesmo, pode tornar-se branco ou negro, quente ou frio, bom ou malvado, naturalmente em tempos diversos.[15] Veremos a importância dessa observação para a explicação do *devoir*, da mudança em geral.

---
14 Aristot., *Cat.*, 5, 2 *a* 11-3 *b* 9.
15 Ibid., 3 b 24-4 a p. 34.

Além da descrição de algumas categorias (quantidade, qualidade, relação, fazer e sofrer), o tratado em questão oferece uma classificação dos opostos, destinada a fazer época. Os opostos, com efeito, podem ser: 1) correlativos – aqueles que se implicam mutuamente como, por exemplo, dobro e metade; 2) contrários – aqueles que distam o máximo no mesmo gênero, com intermédios, como bom e mau, ou sem intermédios, como iguais e desiguais; 3) privação e posse – que têm um mesmo substrato, como visão e cegueira; 4) afirmação e negação – como "está sentado" ou "não está sentado", entre os quais não há intermédio.[16]

O tratado, enfim, analisa as noções de anterior-posterior e simultâneo; distingue as formas de mudança correspondentes às categorias, isto é, geração e corrupção (mudança na substância), aumento e diminuição (mudança na quantidade), alteração (mudança na qualidade), locomoção ou movimento em sentido estrito (mudança de lugar); e se encerra com a análise do ter.[17]

O segundo tratado do *Organon*, conhecido por seu título latino *De Interpretatione*, deve ser entendido como "sobre a enunciação". Ele tem por objeto o discurso (*logos*), o enunciado constituído de sujeito e predicado, correspondentes no plano da linguagem ao nome e ao verbo. Esses últimos, disse Aristóteles, estão "na voz", e constituem "símbolos", "signos" das "afecções que estão na alma", dos conteúdos mentais,

---
16 *Ibid.*, cap. 10-11.
17 *Ibid.*, cap. 12-15.

e estes, por sua vez, são "similitudes" (*homoiômata*) das coisas: ou seja, como afirmou Aristóteles no *De Anima*, apropriações das formas das coisas sem levar em conta a sua matéria. Enquanto as afecções na alma – os pensamentos – são idênticas para todos os seres humanos, no sentido de que a mesma coisa é pensada por todos no mesmo sentido, "as coisas que estão na voz" – as palavras que exprimem os pensamentos – são diferentes, porque são estabelecidas por convenção, de acordo com as diversas línguas de que fazem parte.[18] Essa célebre passagem estabelece perfeita identidade de forma entre linguagem, pensamento e realidade, no sentido de que a linguagem "significa", ou seja, exprime por meio de signos, mesmo que de modo convencional, nas mais diferentes línguas, o pensamento. E este, por sua vez, assume a forma da realidade. Na terminologia da escolástica medieval, essa relação vai receber o nome de "intencionalidade", ou identidade intencional, em que a "in-tenção" exprime o "tender" da linguagem e do pensamento em direção à (in) realidade.

O discurso é, portanto, "voz significante", linguagem capaz de significar o pensamento, mas pode ser de dois tipos. Pode ser "enunciativo", ou referente a um estado de coisas existente na realidade, ou igualmente capaz de significar o pensamento, mas não referido a um estado de coisas como, por exemplo – diz Aristóteles – a oração. A moderna filosofia da linguagem vai chamar esse segundo tipo de discurso

---

18 Aristot., *De int.*, 1, 16 *a* 1-8.

"performativo", quer dizer, um discurso inclinado a modificar a realidade. Desse tipo de discurso, conforme Aristóteles, devem ocupar-se a retórica e a poética, ao passo que no presente tratado ele se ocupa do primeiro. Somente o discurso enunciativo – prossegue Aristóteles – pode ser verdadeiro ou falso.[19] Ele é verdadeiro – como explica Aristóteles em outra passagem – quando une (signos de) coisas que estão unidas na realidade ou divide (signos de) coisas que estão divididas na realidade, ao passo que é falso quando faz o contrário, quando une coisas que na realidade estão divididas ou divide coisas que na realidade estão unidas.[20] A verdade consiste, nesses termos, no dizer como estão realmente as coisas, ao passo que a falsidade, a mentira consiste na falsificação da realidade.

O discurso enunciativo que une os signos das coisas, a saber, o sujeito e o predicado, é a "afirmação", enquanto aquele que os divide é a "negação". Os comentadores vão dizer que afirmação e negação diferem em qualidade. A oposição entre afirmação e negação é a "contradição". Quer a afirmação, quer a negação, podem ser universais ou individuais, conforme o seu sujeito seja um universal, por exemplo, homem ou um indivíduo, por exemplo, Cálias. Mas de um sujeito universal pode ser feita uma afirmação em forma universal. Por exemplo, "todo homem é branco", ou em forma particular, por exemplo, "algum homem é

---

19 *Ibid.*, 4, 16 *b* 34-17 *a* 7.
20 Aristot., *Metaph.* VI 4, 1027 *b* 20-23; IX 10, 1051 *b* 2-5.

branco", e a mesma coisa vale também para a negação. Por exemplo, "todo homem não é branco", equivale a "nenhum homem é branco", ou "algum homem não é branco". Os comentadores vão dizer que esses enunciados diferem pela quantidade. A afirmação universal, "todo homem é branco", e a negação universal, "nenhum homem é branco", são entre si "contrárias", e não podem ser simultaneamente verdadeiras (pelo princípio de não contradição, que veremos a seguir), enquanto podem ser ao mesmo tempo falsas. A afirmação universal, "todo homem é branco", e a negação particular, "algum homem é não branco", são, porém, "contraditórias" entre si, e, igualmente, ambas não podem ser verdadeiras, mas necessariamente uma dessas duas é verdadeira e a outra é falsa (pelo princípio do terceiro excluído, que veremos mais adiante). Da mesma forma, os enunciados contraditórios individuais, por exemplo, "Sócrates é branco" e "Sócrates não é branco", estão sob a mesma regra.[21]

Pode-se dizer, por conseguinte, que toda afirmação, bem como toda negação, é necessariamente ou verdadeira ou falsa, o que não significa que seja necessariamente ou verdadeira ou necessariamente falsa. Com efeito, as afirmações e as negações que dizem respeito a sujeitos individuais contingentes (que podem ser ou podem não ser), aos quais se atribuem predicados futuros, como "amanhã haverá uma batalha naval" e "amanhã não haverá uma batalha naval", não são nem necessariamente verdadeiras

---

21 Aristot., *De int.*, cap. 7.

nem necessariamente falsas, pois cada uma dessas duas poderia mostrar-se, no futuro, tanto verdadeira como falsa, ao passo que é necessário, tanto no presente como no futuro, que uma dessas duas seja verdadeira e a outra, falsa.[22] Sobre essa tese foram travadas inúmeras discussões para estabelecer se Aristóteles teria conseguido ou não evitar o determinismo. A tese, todavia, não viola nem o princípio de não contradição nem o princípio do terceiro excluído. Enfim, o tratado *De Interpretatione* se encerra com uma discussão sobre os enunciados que assumem a forma da possibilidade ou da não possibilidade, da contingência ou da não contingência, da impossibilidade ou da necessidade que os comentadores vão denominar diversos (diferentes) por modalidade. Trata-se de problemas um tanto técnicos, dos quais se ocupou a assim chamada lógica modal.

Os *Analíticos Primeiros* expõem a teoria do "silogismo", ou seja, do "discurso" (*logos*) constituído por vários enunciados necessariamente conectados entre si. Aristóteles, com efeito, define assim o silogismo: "Silogismo é o discurso no qual, postas algumas premissas, algo que difere delas daí se segue necessariamente pelo fato de que estas são".[23] As premissas são os enunciados que já se abordaram no *De Interpretatione*, que podem ser afirmativos ou negativos, universais ou particulares, necessários ou contingentes. Cada uma dessas premissas é constituída de dois "termos",

---

22 *Ibid.*, cap. 9.
23 Aristot., *An. Pr.*, I 1, 24 *b* 18-20.

o sujeito e o predicado. Conforme o caráter das premissas, podemos ter diversos tipos de silogismo, categóricos ou hipotéticos, e no âmbito de cada tipo podem dar-se diversas "figuras". No tratado em questão, Aristóteles descreve todos esses tipos e todas essas figuras, fundando assim um ramo da lógica, a silogística. Esta não existia antes dele, e ela gozou de enorme fortuna ao longo dos séculos, sendo inclusive adotada pela lógica formal do século XX. Aqui vamos nos limitar a considerar o silogismo categórico da primeira figura, com ambas as premissas afirmativas e universais, que é o tipo mais simples e em certo sentido é o silogismo perfeito, pelo fato de pôr em evidência algumas das suas características que, *mutatis mutandis*, pertencem igualmente a todas as outras figuras.

Aristóteles não oferece nenhum exemplo concreto desse silogismo, mas o formula usando como símbolos as letras do alfabeto grego e exprimindo a relação de predicação mediante a expressão "predicar-se de", na qual, portanto, a indicação do predicado precede a do sujeito. A formulação que o filósofo lhe dá é a seguinte: "Se A se predica de todo B, e B se predica de todo C, então é necessário que A se predique de todo C".[24] Se quisermos substituir os símbolos pelos objetos concretos, poderemos dizer: "Se mortal se predica de todo homem, e homem se predica de todo ateniense, então é necessário que mortal se predique de todo ateniense". E isso, invertido de forma direta, em que o sujeito vem antes do predicado, equivale a

---

24 *Ibid.*, I 4, 25 *b* 37-39.

dizer: "Se todo homem é mortal, e se todo ateniense é homem, então é necessário que todo ateniense seja mortal". Os dois primeiros enunciados constituem as premissas, e delas uma é mais universal (porque "todo homem" tem maior extensão do que "todo ateniense"), e por isso se chama tradicionalmente premissa maior, enquanto a outra, menos universal, é designada tradicionalmente como premissa menor, enquanto o terceiro enunciado, que decorre necessariamente das premissas, recebe do próprio Aristóteles o nome de "conclusão".

Em nosso exemplo, tomamos premissas que podem ser consideradas verdadeiras, mas isso não é necessário. Com efeito, Aristóteles toma bastante cuidado em não dar exemplos concretos, suscetíveis de serem considerados verdadeiros ou falsos, e se limita a usar símbolos, formulando as premissas com a condicional "se", o que não compromete a sua verdade. A validade do silogismo, ou seja, a necessária consequência da conclusão, de fato não depende de modo algum da verdade das premissas. Estas devem simplesmente ser "postas", assumidas, tomadas independentemente do fato de serem verdadeiras ou falsas. No caso de serem assumidas na ordem indicada, a conclusão deriva daí necessariamente, sem depender do fato de ser, ela também, verdadeira ou falsa. Em suma, aquilo que o silogismo garante não é a verdade da conclusão, mas que ela decorre necessariamente das premissas. Isso quer dizer que o silogismo é um raciocínio puramente formal, em que não se leva em conta a matéria, o conteúdo dos enunciados, mas a forma deles, o fato de serem dispostos em uma certa ordem.

Na formulação dada por Aristóteles se acham apenas três termos, um dos quais é comum às das premissas, ao passo que os outros dois formam a conclusão. Isso quer dizer que um silogismo, para ser válido, deve conter nem mais e nem menos do que três termos, e cada um desses deve ter um só significado, de outro modo aconteceria como se fossem mais de três. Os termos, além disso, devem ser dispostos em uma ordem tal que A e C sejam postos respectivamente no início e no fim da sequência. Por isso recebem o nome de "extremos", enquanto B fica no meio, e por isso tem o nome de "termo médio". Essa disposição é essencial para o silogismo, porque se as duas premissas não tiverem em comum um termo e este não tiver a função de sujeito em uma e de predicado na outra, a conclusão não decorrerá necessariamente delas. Numa palavra, o termo médio, justamente por se achar no meio das duas premissas, desempenha a função de unir os dois extremos e de produzir desse modo o enunciado que os une: a conclusão.

Os três enunciados que se sucedem têm extensão decrescente, conforme a universalidade do predicado: "mortal" é efetivamente mais universal do que "homem" porque se predica também de outros animais; "homem", por seu turno, também é mais universal do que "ateniense", e por isso pode se predicar também dos não atenienses. Eles podem ser representados como três círculos, e desses o primeiro contém o segundo, e o segundo contém o terceiro, por isso o primeiro contém necessariamente o terceiro. Esse modo de proceder, do mais universal para o menos universal, é tradicionalmente chamado de "dedução". Nos *Analíticos Primeiros*, além de todas as figuras de silogismo, Aristóteles descreve igualmente outras formas de raciocínio, como a redução ao impossível, que se pode reduzir ao silogismo; a refutação, da qual se vai ocupar a dialética; a indução, que vai do particular para o universal e, por conseguinte, não tem o mesmo valor do silogismo; o exemplo, que é ainda mais particular; a abdução, que tem valor aproximativo; a objeção, da qual se vai ocupar a dialética; e o entimema, do qual a retórica se vai ocupar.

Nos *Analíticos Segundos*, Aristóteles esclarece qual a estrutura que a ciência (*epistêmê*) deve ter, para que possa ser ensinada e aprendida. Por "ciência" o filósofo entende, como de resto também Platão, não o simples conhecimento do "quê", de um certo estado de coisas, mas o conhecimento do "porquê", da explicação do estado das coisas, no qual a explicação se expressa pelo termo "causa" que, no léxico aristotélico, tem um sem-número de significados, tantos quantos podem ser os tipos de explicação.

> *Consideramos que temos ciência de cada coisa em sentido próprio [...] – afirma com efeito Aristóteles – quando conhecemos a causa pela*

> *qual a coisa é, que ela é causa dessa coisa e que esta não pode estar de outro modo.*[25]

O que possibilita o ensino de uma ciência, portanto, é um discurso capaz de indicar a causa. A isso Aristóteles denomina "demonstração" e identifica-o com um tipo de silogismo chamado, por isso, "silogismo científico". Esse silogismo se caracteriza pelo fato de ter como ponto de partida premissas "verdadeiras", primeiras, imediatas, mais conhecidas, anteriores e causas da conclusão. Por conseguinte, a ciência se serve do silogismo, mas nele introduz o caráter da verdade, que no silogismo em geral – como já vimos – está ausente.

As premissas verdadeiras e primeiras, não resultantes de uma precedente demonstração, das quais se utiliza a ciência, recebem do filósofo o nome de "princípios" e são anteriores, não no sentido de serem as primeiras coisas que nós conhecemos (porque essas para Aristóteles são as coisas sensíveis, conhecidas mediante a percepção), e sim porque são logicamente anteriores à conclusão. E tais princípios são de dois tipos: 1) princípios que são próprios de uma única ciência, os quais são a suposição da existência do seu objeto, denominada "hipótese", no sentido literal do termo ("pressuposição"), e a sua "definição", a saber, o discurso que diz "o que é" um objeto, por exemplo, no caso das ciências matemáticas (aritmética e geometria), a suposição da existência de números

---

25 Aristot., *An. post.*, I 2, 71 *b* 9-12.

ou de figuras e as respectivas definições; 2) princípios comuns a diversas ciências, por exemplo, "subtraindo pares de pares se obtêm pares", princípio comum às várias ciências matemáticas, ou também o princípio de não contradição e o princípio do terceiro excluído, comuns a todas as ciências. Esses princípios comuns são também denominados "axiomas", termo da matemática que significa "coisas dignas" de serem admitidas, enquanto evidentes a todos.[26]

Todas as premissas das demonstrações devem ser predicações universais, verdadeiras para todos os sujeitos aos quais se referem, e predicações "de *per se*", ou seja, de atributos que pertencem ao sujeito em virtude da respectiva definição: por exemplo, "o triângulo é constituído por linhas"; ou que contêm o sujeito na própria definição como, por exemplo, "uma linha é reta ou é curva", ou "um número é par ou ímpar". Por conseguinte, também a conclusão das demonstrações é uma predicação verdadeira para todos os sujeitos aos quais se refere e exprime um atributo que lhe pertence de *per se*. Por exemplo, "todos os triângulos têm (a soma dos) ângulos iguais a dois retos". Este último atributo pertence ao triângulo como tal, quer dizer, em virtude da sua definição, e não, por exemplo, enquanto poderia ser isóscele. Essas condições garantem que a demonstração vai ter o caráter da necessidade, por isso, aquilo que foi demonstrado é de certo modo necessariamente e

---

26 *Ibid.*, 72 *a* 14-24.

não pode estar de outro jeito.[27] Mas isso é possível somente se todos os termos incluídos na demonstração pertencem ao mesmo gênero, indicam propriedades do mesmo objeto, chamado por Aristóteles "gênero sujeito" (*genos hupokeimenon*) de uma determinada ciência. Exemplos: os números para a aritmética e as grandezas para a geometria.[28]

Há, no entanto, dois tipos de demonstração: 1) a demonstração do "porquê", e esta tem lugar quando as premissas são mais conhecidas do que as conclusões e, nesse caso, a causa é mais conhecida do que o efeito, como acontece em geral nas ciências matemáticas; 2) a demonstração do "quê", e esta ocorre quando o efeito é mais conhecido do que a causa. É o que acontece geralmente nas ciências que lidam com objetos de experiência, caso no qual se demonstra a existência da causa com base na existência do efeito. Por exemplo, quando se demonstra que os planetas estão mais perto da terra do que as estrelas porque não ficam piscando. Nesse caso, de fato, o não piscar é o efeito, e não a causa, do estarem perto. Mas isso serve para demonstrar a existência da causa, a saber: que os planetas estão próximos. Em alguns casos, então, o "quê" demonstrado por uma ciência vem a ser o "porquê" usado por outra ciência, ou então as conclusões da primeira fornecem as premissas da segunda. Por conseguinte, essas ciências são uma subordinada à outra. Por exemplo,

---

27 *Ibid.*, I, cap. 4.
28 *Ibid.*, I, cap. 7.

a óptica é subordinada à geometria, porque utiliza as conclusões desta, e a harmônica é subordinada à aritmética.[29] Além disso, há demonstrações que utilizam premissas necessárias, por isso verdadeiras em todos os casos, como as demonstrações matemáticas e demonstrações que recorrem a premissas verdadeiras somente "para o mais", na maior parte dos casos, como veremos acontecer na física ou nas ciências práticas.[30]

O fato de todos os termos de uma demonstração deverem se inserir em um mesmo gênero determina que cada ciência tenha princípios próprios, diferentes daqueles das outras ciências e, por conseguinte, faz com que haja uma multiplicidade de ciências, cada uma independente das outras. Dado que os princípios de cada ciência são indemonstráveis, de acordo com Aristóteles, não há princípios comuns com base nos quais seja possível demonstrar os princípios das outras ciências. Por conseguinte, não é possível reduzir a multiplicidade das ciências a uma única ciência universal, como parece que pretendiam fazer Platão e alguns acadêmicos.[31] Os axiomas comuns a todas as ciências – o princípio de não contradição e o princípio do terceiro excluído – são os mesmos para todas as ciências somente por analogia,[32] pois estabelecem relações idênticas entre termos diversos, portanto, não se referem a um único gênero e não podem exercer a função de premissas para nenhuma demonstração.

---
29 *Ibid.*, I, cap. 13.
30 *Ibid.*, I, cap. 30.
31 *Ibid.*, I, cap. 32.
32 *Ibid.*, I 10, 76 *a* 38-40.

Como a ciência é conhecimento das causas de um certo estado de coisas, e se estrutura sobre demonstrações de silogismos formados por premissas verdadeiras, que têm em comum o mesmo termo médio, pode-se afirmar que o termo médio é a causa da conclusão, do estado de coisas que é demonstrado.[33] E como existem diversos tipos de causa, isto é, de explicação, cada um desses tipos pode funcionar como termo médio nas demonstrações. Nos *Analíticos Segundos*, Aristóteles menciona quatro tipos de causas: 1) a essência, que depois será chamada de causa formal, e que é a causa da posse de certas propriedades por um sujeito; 2) as condições que determinam a existência de um objeto que, na *Física*, receberão o nome de causa material; 3) o movente primeiro de um evento, por exemplo, a agressão que determina uma guerra, que depois terá o nome de causa motriz; 4) o fim em vista do qual uma certa ação é realizada, como a saúde, quando se passeia, ou uma dada coisa existe, como a proteção dos bens da casa.[34]

Enfim, nos *Analíticos Segundos* Aristóteles afirma que os princípios de cada ciência particular, que não podem ser demonstrados, são conhecidos por meio de um processo que se chama "indução". Este consiste em ir da percepção de um objeto particular, por exemplo, de um único indivíduo humano, Cálias, passar por meio da recordação (a permanência

---

33 *Ibid.*, II, cap. 1.
34 *Ibid.*, II, cap. 11.

do percebido na alma), para chegar à experiência, que é a união de muitas recordações, ou seja, das recordações de muitos seres humanos individuais, captar uma "diferença" comum aos muitos objetos particulares abrangidos na experiência (por exemplo, o fato de que todos os seres humanos dos quais se tem experiência são bípedes, ou possuem a linguagem), e desse modo apreender o universal. Da mesma forma vai se chegar a conhecimentos sempre mais universais, que são os princípios. A posse desses princípios é denominada por Aristóteles "intelecto" (*nous*) e este é declarado o princípio da ciência.[35] Veremos como, nos *Tópicos*, Aristóteles ofereceu ulteriores explicações do modo como se chega ao conhecimento dos princípios.

O silogismo, que constitui a grande descoberta de Aristóteles, é por ele indicado não só como argumentação que se pode pôr a serviço da ciência, mediante a demonstração, mas também como argumentação da qual se vai servir a dialética, a arte de debater ou discutir sobre qualquer argumento (de *dialegesthai:* dialogar, debater, discutir), tentando refutar seu interlocutor ou não se deixando refutar por este. Os *Tópicos* são consagrados à exposição dessa técnica. No livro dos *Tópicos* Aristóteles esclarece que o silogismo usado é o silogismo dialético, e este se distingue do silogismo científico, pois não parte de premissas verdadeiras, e sim de premissas "endoxais" (*endoxa*: o contrário de "paradoxais"), compartilhadas por todos, ou pela maioria, ou por

---

35 *Ibid.*, II 19.

aqueles que sabem e, entre estes, por todos, ou pela maioria, ou pelos mais célebres (nesse último caso, todavia, elas não devem ser contrárias à opinião comum, isto é, paradoxais).[36] Em outra passagem, Aristóteles esclarece ainda que as premissas endoxais são "verossímeis" (*eikota*), são verdadeiras "em geral", ou então na maior parte dos casos, como, por exemplo, quando os invejosos são movidos pelo ódio ou que os amados amam.[37]

A abordagem da dialética, de acordo com Aristóteles, é útil, quer para se exercitar na arte de argumentar, quer para se sair bem em todo o tipo de discussão, quer para conhecer a verdade. Com efeito, "se formos capazes de desenvolver uma aporia em ambas as direções, perceberemos mais facilmente o verdadeiro e o falso em cada tipo de argumento". Ela também é útil, enfim, para distinguir os princípios de cada uma das ciências, visto que, com efeito:

> *É impossível dizer alguma coisa em torno deles com base nos princípios próprios à ciência proposta, é necessário discutir em torno deles passando pelas opiniões endoxais referentes a cada coisa, mas isso é próprio ou maximamente apropriado à dialética, porque esta, sendo apta para pôr à prova, possui o caminho para se encontrar os princípios de todas as ciências.*[38]

---

36 Aristot., *Top.* I 1, 100 *b* 21-23; I 10, 104 *a* 10-12.
37 Aristot., *An. pr.*, II 27, 70 *a* 3-6.
38 *Ibid.*, I 2, 101 *a* 37 *b* 4.

Dado que, como veremos, todas as disciplinas em que se articula a filosofia aristotélica são substancialmente pesquisas de princípios e de causas, ela se serve, como se diz nessas passagens, da dialética. Esta, por sua vez, não garante o conhecimento seguro dos princípios, porque não é uma ciência, mas com certeza facilita a busca desses princípios, busca essa que enfim chega à posse dos princípios, indicada nos *Analíticos Posteriores* como "intelecto".

Os *Tópicos* explicam que as discussões dialéticas giram em torno de problemas, de questões que admitem respostas opostas. Por exemplo, "animal bípede é a definição de homem ou não?". Diante de perguntas como essas, um dos dois interlocutores assume a tarefa de defender uma certa resposta, enquanto o outro se encarrega de refutá-la. A refutação, que Aristóteles define como a "dedução de uma contradição", acontece mediante uma série de outras perguntas que o "atacante" apresenta ao "defensor" de uma determinada tese. E essas questões devem reportar-se a opiniões endoxais, de tal sorte que o defensor não possa senão concedê-las, sob pena de cair no ridículo aos olhos de todos aqueles que estão assistindo ao duelo verbal e que, de certo modo, desempenham o papel de árbitros. Das respostas endoxais, assim obtidas, o atacante vai tentar deduzir uma conclusão que contradiga a tese sustentada pelo defensor (refutação), enquanto este buscará evitar que isso aconteça.[39] Os problemas encarados pela dialética

---
39 *Ibid.*, I, cap. 4.

podem ser, de acordo com Aristóteles, problemas lógicos, físicos ou éticos. Lógicos: por exemplo, "se a ciência dos opostos é a mesma ou não". Problemas físicos: por exemplo, "se o universo é eterno ou não". Ou, ainda, problemas éticos: por exemplo, "se é necessário obedecer mais aos genitores do que às leis, toda vez que entrarem em conflito".[40] As opiniões paradoxais, sustentadas por personagens, não no âmbito da filosofia – como a de Antístenes, para o qual "não se pode contradizer", ou a opinião de Heráclito, segundo o qual "tudo passa e nada permanece", ou a de Melisso, em cuja opinião "o ser é uno" –, segundo Aristóteles, se chamam "teses".[41] Estas não devem ser confundidas com as opiniões endoxais, precisamente por serem paradoxais; todavia, Aristóteles as discute em todos os seus tratados usando a dialética, com o intuito de verificar se elas se deixam refutar ou não.

Os problemas abordados pela dialética, ademais, dizem respeito, ainda segundo Aristóteles, a quatro tipos de predicação, designados como "predicáveis": não só a definição, como nos exemplos acima citados, mas também o gênero (por exemplo, animal), o próprio (ou seja, o predicado que inclui na própria definição o sujeito, como "capaz de rir", dito do ser humano) e o acidente (branco).[42] Eles não devem ser confundidos com as categorias, pois essas são os gêneros supremos dos predicados que se usam nos quatro modos

---
40 *Ibid.*, I, cap. 14.
41 *Ibid.*, I, cap. 14.
42 *Ibid.*, cap. 5.

supraditos e que também nos *Tópicos* são elencados do mesmo jeito que nas *Categorias*.[43] No âmbito de cada um dos quatro predicáveis, os *Tópicos* ensinam a usar esquemas de argumentos designados como *topoi* (daí o título do tratado), que podem ser aplicados a mais de um objeto, como, por exemplo, "se o prazer é um bem, também um prazer maior será um bem maior", ou também "se o cometer injustiça é um mal, o cometer mais injustiças será um mal maior".[44]

Mas os ensinamentos oferecidos pelos *Tópicos* em certos casos se mostram úteis igualmente para a filosofia. Por exemplo, as determinações precisas apresentadas a respeito dos gêneros, dos quais se diz que podem ser predicados das espécies (por exemplo, o animal pode ser predicado do homem e do boi), mas não se podem predicar das diferenças específicas (por exemplo, do bípede). Caso se afirmasse, com efeito, que o bípede é um animal, ele viria a ser uma espécie ao lado das outras, a saber, do homem e do boi, e não serviria mais para distinguir o homem do boi.[45] Isso implica que o ser e o uno, os quais se predicam de tudo e, portanto, também das diferenças, não podem ser gêneros, não podem indicar coisas entre si homogêneas, mas são necessariamente constituídos por gêneros diferentes (as categorias) e, por isso, se dizem em muitos sentidos.[46]

---
43 *Ibid.*, I, cap. 9.
44 *Ibid.*, II, cap. 10.
45 *Ibid.*, VI, 6, 144 *a* 31- *b* 1.
46 *Ibid.*, IV, cap. 1.

A última obra de lógica são os *Argumentos Sofísticos*, que ensinam como se reconhecem as refutações (*elenchoí*) não válidas, por conterem algum erro (falácia), e é dessas falácias que se servem os sofistas para aparentarem que sabem algo sem o saberem de fato. As falácias podem depender do modo de se exprimir (como a homonímia, a ambiguidade, a composição ou a divisão das palavras, o sotaque), ou por outra coisa, como a ignorância daquilo que se pretende refutar, a petição de princípio, o solecismo etc. Não vamos nos deter no exame desse tópico, embora a abordagem do tema por Aristóteles se tenha mostrado útil ao longo de toda a história da lógica e tenha sido muitas vezes comentada e imitada. Recordamos apenas que no final dos *Argumentos Sofísticos*, que é também o final da série de obras de lógica, Aristóteles faz questão de frisar que a sua abordagem dessa matéria é totalmente nova, em confronto com a cultura precedente, e por isso merece compreensão pelas eventuais lacunas e gratidão pelas suas descobertas.[47]

4. Obras de física e de cosmologia

A lógica e a dialética, quer sejam elas um instrumento da ciência, como sustentaram alguns comentadores, ou mais simplesmente uma introdução

---

47 Aristot., *Soph. el.*, 34, 183 *b* 15-184 *b* 8.

a ela, preparam para um conhecimento efetivo da realidade que, conforme Aristóteles, articula-se em uma multiplicidade de ciências, ou de "filosofias". Em Aristóteles, com efeito, "ciência" e "filosofia" são termos que se equivalem; tanto é verdade que, para indicar a matéria que chamamos filosofia, ele vai recorrer à expressão "filosofia primeira". As ciências, ou filosofias, são por ele ordenadas em três grupos, segundo uma classificação que se tornou célebre, a saber: as ciências teoréticas, que têm como alvo o puro conhecimento (*theoria*); as ciências práticas, cuja meta é realizar uma ação (*praxis*) melhor; e as ciências poiéticas, que têm como meta realizar a melhor produção (*poiêsis*) de objetos. Quanto às ciências teoréticas, estas compreendem, por sua vez, as ciências matemáticas, a física e a filosofia primeira.[48] Mas Aristóteles não dedicou uma obra particular à matemática, embora discuta o seu objeto no *Livro XIII* da *Metafísica*, e o seu método nos *Analíticos Posteriores*. E fez assim aquela que hoje chamaríamos de uma "filosofia da matemática". Todavia dedicou mais de uma obra à física, de que agora vamos nos ocupar.

A primeira obra de física, escrita por Aristóteles, é a *Física* propriamente dita, assim chamada por conter os princípios gerais da "ciência física", ou ciência da natureza (*physis*), a qual tem por objeto as substâncias físicas, ou naturais. E essas, para Aristóteles, são todos os corpos que possuem em si a capacidade de mudar, segundo os diversos tipos de mudança,

---

48 Aristot., *Metaph.*, VI 1, 1025 *b* 25-26; 1026 *a* 18-19.

quer dizer, todos os corpos que são gerados, que mudam e se corrompem, "por si" (excluídos, portanto, os objetos produzidos pelo ser humano, ou "artefatos"). Ele define, com efeito, a natureza como "princípio intrínseco de movimento ou de repouso", incluindo no seu âmbito a totalidade das substâncias móveis, quer inertes, quer vivas, incluindo, por conseguinte, também os seres humanos. Assim, fazem parte da física o estudo do universo físico, que denominamos cosmologia, o estudo dos seres vivos em geral, que chamamos biologia (zoologia e botânica), e dos seres humanos, a que damos o nome de antropologia. Não fazem parte desse estudo, porém, as ciências que estudam as realidades que possuem como princípio o ser humano, como as ciências práticas e poiéticas.

Dado que ter ciência de um objeto significa, como já foi visto, conhecer as suas causas, suas explicações, na *Física,* Aristóteles procura em primeiro lugar as causas primeiras, as que não necessitam de ulteriores explicações, da mudança em geral ou devir, o qual é a característica fundamental da natureza. Estas são, para Aristóteles, não só os contrários, como haviam dito todos os filósofos precedentes, mas também um terceiro princípio, o sujeito, ou substrato, porque o devir, como também se infere do nosso modo de exprimi-lo na linguagem (ao dizermos, por exemplo, que uma pessoa ignorante se torna uma pessoa culta), é a passagem de um sujeito (uma pessoa) de um certo estado (o ser ignorante) ao estado contrário (o ser culto). O sujeito do devir, nas formas mais superficiais do vir a ser (locomoção, modificação, aumento e diminuição), é uma substância, que muda de lugar, de qualidade ou quantidade, enquanto permanece sempre a mesma, todavia na forma mais intensa de mudança, que é o vir a ser ou o desfazer--se de uma substância (fenômenos que Aristóteles chama de geração e corrupção), é a "matéria" (*hyle*). Os dois contrários, entre os quais ocorre a passagem do sujeito, são o não ter uma certa qualidade, uma certa quantidade ou um certo lugar, que Aristóteles chama de "privação", e a posse de tais coisas. Na geração e na corrupção, a mudança consiste no assumir ou, respectivamente, na perda, por parte da matéria, daquela que Aristóteles denomina "forma" (*eidos*).[49] A esse propósito, ele usa o mesmo termo utilizado por Platão para indicar as Ideias, com essa diferença: enquanto para Platão as Ideias são formas separadas da matéria, para Aristóteles a forma é sempre forma de uma matéria. A forma é o modo como a matéria se organiza e funciona. Portanto, é imanente, ou interna a esta. Por exemplo, na geração de uma planta, a passagem não ocorre entre contrários, mas entre contraditórios, isto é, entre a completa ausência de forma em uma matéria (a terra), que não é uma substância, e a presença de uma forma na planta viva, que é uma substância, e na corrupção a passagem ocorre entre a planta viva e a matéria na qual ela se decompôs (de novo a terra).

---

49 *Phys.*, I, cap. 6-9.

A matéria e a forma são, por conseguinte, as duas principais causas, ou explicações, do devir, ou seja, as condições que o tornam inteligível. Mas ao lado dessas o devir requer, para ser completamente explicado, outras duas causas. Deve haver algo que produza a mudança, que também se chama "motor"; por exemplo, no caso das plantas, ou dos animais, o genitor e um termo para o qual a mudança se dirige, que recebe também o nome de "fim". Portanto, as causas do devir, segundo Aristóteles, são de quatro tipos: matéria ou causa material, forma ou causa formal, motor ou causa motora (ou motriz), fim ou causa final. Dado que os mesmos tipos de causa explicam não só as mudanças dos corpos naturais, como também as mudanças das realidades que dependem do ser humano, ou seja, ações e produções, Aristóteles as ilustra com exemplos que tira igualmente do mundo humano. Por exemplo, o bronze como causa material da estátua, o modelo como causa formal da mesma estátua, o agente como causa motora da ação e a saúde como a causa final do caminhar.[50]

A causa final, segundo Aristóteles, está presente não só nas ações humanas, que sempre visam um fim, mas também nas mudanças naturais, nas quais se constata uma certa regularidade. Por exemplo, uma planta gera sempre uma planta da mesma espécie, ou um animal sempre gera um animal da mesma espécie e, por isso, pode-se dizer que o fim da geração é formar um indivíduo completo, capaz, por seu

---

50 *Ibid.*, II, cap. 3.

turno, de gerar outro indivíduo da mesma espécie. Não se trata, é claro, de uma finalidade consciente, pensada e desejada, como no caso das ações humanas, mas de uma finalidade inconsciente, intrínseca à natureza, e que se manifesta pela regularidade dos processos naturais. De resto, a existência de uma finalidade nas ações humanas, como, por exemplo, nas técnicas, segundo Aristóteles vem a ser a consequência da finalidade que se acha na própria natureza, pois, a seu ver, "a arte imita a natureza".[51]

Todavia, os processos naturais, mesmo sendo regulares, nem sempre alcançam os seus fins, mas só "na maioria das vezes", no sentido de admitirem exceções. A mesma coisa acontece nas ações humanas que, algumas vezes, alcançam um resultado diferente daquele perseguido como fim. A causa, ou seja, a explicação desse fato é, na natureza, o "acaso" (*automaton*) e, nas ações humanas, a "sorte" (*tychê*). Ambos – acaso e sorte – são o resultado de "coincidências" (*sumbebêkota*, ao pé da letra "acidentes"), ou seja, resultam do fato de que a certas causas estão conexos acidentes não necessários.[52] Por isso a física não é uma ciência exata como as ciências matemáticas, mas é mais flexível, mais elástica, admite uma certa margem de indeterminação (as exceções às leis naturais).

Na explicação da mudança, Aristóteles introduz dois outros conceitos que terão um papel decisivo em sua filosofia primeira: a "potência" (*dynamis*) e o

---

51 *Ibid.*, II, cap. 7-8.
52 *Ibid.*, II, cap. 4-6.

"ato" (*energeia*, "atividade", mas também *entelecheia*, "cumprimento", de *enteles*, completo, acabado). Referente à mudança, pode-se dizer que a potência é a capacidade de efetuar ou sofrer esta ou aquela alteração, ao passo que o ato pode ser ou a própria mudança de que é capaz a potência, ou então o resultado de tal mudança. Por isso, no caso da mudança substancial, isto é, da geração e da corrupção, a potência é a condição em que se acha a matéria, que é uma substância "em potência", e o ato é a condição em que se encontra a substância quando assumiu a sua forma, a saber, a substância "em ato", ou então a própria forma da substância. A mudança como tal, em todas as suas formas, é definida por Aristóteles como "o ato daquilo que está em potência, enquanto está em potência", o manifestar-se atual da potência daquilo que muda, o seu próprio mudar, antes de ele chegar ao resultado final.[53]

Sempre, na *Física,* o filósofo aprofunda algumas noções indispensáveis para se compreender o devir. Por exemplo, a noção de "infinito" (*apeiron*), que para ele não indica um ente existente em ato – para Aristóteles o universo, como veremos, é finito – mas é um processo que nunca chega ao término, está sempre apenas em potência, como a divisão de uma grandeza em partes sempre menores ou a adição de sempre novas unidades à série dos números.[54] Não existe, por conseguinte, uma grandeza infinita em ato, ao passo que

---

53 *Ibid.*, III, cap. 1.
54 *Ibid.*, III, cap. 4-5.

existem processos infinitos, tais quais o movimento e o tempo, que são realidades sempre em potência.[55] Uma outra noção indispensável para explicar o devir, na sua forma de movimento local, é a noção de "lugar" (*topos*), segundo a qual o lugar de um corpo, na opinião de Aristóteles, é a superfície interna do corpo imóvel que o contém, ou seja, do ar ou da água, em relação ao qual o corpo móvel pode mudar de lugar.[56] Não se trata, pois, da noção geométrica de espaço ilimitado e indeterminado que, segundo Aristóteles, fora admitida por Platão, mas da noção física do lugar limitado e determinado de um corpo. Ela comporta a não existência do vácuo, admitido, porém, pelos atomistas (Leucipo e Demócrito), porque o vácuo, sempre segundo Aristóteles, impediria que os corpos tivessem um lugar e, portanto, não poderia explicar o seu movimento local.[57]

Tornou-se famosa a concepção aristotélica do tempo, que é definido como "o número do movimento segundo o anterior e o posterior". Essa definição implica não só a existência do movimento, como também a existência da alma como o sujeito que calcula, que enumera, que mede o movimento (com base no aparente curso diurno do sol, medido pelo dia, ao deslocamento da lua, medido pelo mês, e ao aparente movimento anual do sol em relação ao círculo da eclíptica, medido pelo ano).[58] Divide-se o tempo, conforme

---

55 *Ibid.*, III, cap. 6-8.
56 *Ibid.*, IV, cap. 1-5.
57 *Ibid.*, IV, cap. 6-9.
58 *Ibid.*, IV, cap. 10-14.

Aristóteles, em infinitos instantes, tal como a linha se divide em um número infinito de pontos. Portanto, é uma realidade "contínua", não "discreta", não divisível em partes. A noção do "contínuo" permite, então, a Aristóteles resolver a famosa aporia de Zenão, por exemplo, segundo a qual a flecha só estaria em movimento aparente, porque em cada instante da sua trajetória ocuparia apenas o espaço do próprio comprimento. Conforme Aristóteles, Zenão comete o erro de isolar os instantes do tempo, e os pontos do movimento, como se estes não constituíssem realidades contínuas.[59]

A *Física* de Aristóteles termina com a demonstração segundo a qual o universo no seu conjunto exige necessariamente um motor imóvel. Essa demonstração parte do princípio de acordo com o qual tudo aquilo que se move exige um motor, sem o qual não se explica o movimento. Por isso, o filósofo introduz a observação de que não se pode remontar ao infinito na série dos motores, porque desse modo jamais se poderia explicar o movimento. Então chega à necessidade de um primeiro motor que, para Platão, era a alma do mundo, alma que se movia a si mesma. Todavia, para Aristóteles, o primeiro motor não pode mover-se a si mesmo porque, em tal caso, enquanto motor deveria estar já em ato, e enquanto movido deveria estar ainda em potência; desse modo, deveria estar simultaneamente em potência e em ato

---

59 *Ibid.*, V-VI.

com relação ao próprio movimento.⁶⁰ Por isso, para explicar o movimento do universo, deve-se admitir que existe um motor imóvel.

A mudança, de acordo com Aristóteles, é infinita como o tempo, o que equivale a dizer eterna, dado que não pode haver um tempo antes ou depois do tempo, porque ele seria sempre tempo, nem pode haver mudança antes ou depois da mudança, porque a passagem do anterior à mudança e da mudança ao posterior seria, afinal, uma mudança. Mas uma mudança eterna, de acordo com Aristóteles, pressupõe um movimento circular contínuo, porque o movimento local é a primeira forma de mudança, e o movimento circular é o único movimento local que jamais tem fim. Portanto, todas as mudanças existentes no universo, que no seu conjunto formam uma eterna mudança, pressupõem um movimento circular eterno, e este, para o filósofo, é o movimento do céu das estrelas fixas em torno da terra, movimento causado pelo primeiro motor imóvel.⁶¹ Deste depende o movimento anual do sol, que determina a alternância das estações, o ciclo do quente e do frio, na terra, e este determina, por seu turno, a geração e a corrupção de todos os seres vivos. Portanto, todas as mudanças que acontecem dependem, em última análise, do motor imóvel. Este, enquanto imóvel, não pode ter grandeza, porque grandezas só podem ser finitas, mas uma grandeza finita

---
60   *Ibid.*, VIII, cap. 4-5.
61   *Ibid.*, VIII, cap. 6-9.

não teria a potência infinita, necessária para produzir um movimento infinito. Portanto, o motor imóvel não tem grandeza; por conseguinte, não é divisível em partes, e desse modo não é material. Mas a essa altura a física tem de admitir que há uma substância imaterial e imóvel, e esta, por definição, escapa às suas competências de ciência da realidade móvel e exige, por via de consequência, para ser conhecida, uma ciência ulterior relativamente à física. Ela será, portanto, a filosofia "primeira".

Mas antes de passar à filosofia primeira, o filósofo se dedica longamente a indagar o mundo físico, levando em consideração acima de tudo o universo em sua totalidade. A esse tema é dedicado o *De Caelo*, que estuda tanto o universo como o céu que o contém (ambos podem ser indicados pelo termo *ouranos*). Na visão aristotélica, o universo é uma esfera que carrega no centro a Terra e, em torno dessa, uma série de camadas concêntricas, cuja região superior (da lua para cima) é o céu propriamente dito. Este último, habitado pelos astros (planetas e estrelas fixas), não é pesado nem leve, não está sujeito nem à geração nem à corrupção, está sujeito apenas ao movimento circular, à rotação em torno de si mesmo, e a nenhuma outra mudança. Assim, o céu e os corpos que o habitam (a saber, os astros) são feitos de uma matéria diferente da matéria dos corpos terrestres, que Aristóteles denomina "éter". O universo no seu conjunto é, então, finito, o que significa perfeito, e único. Fora dele, então, não existe nem lugar, nem vácuo, nem tempo. Existem ali apenas entes incorpóreos que Aristóteles chama de "as coisas do alto", e desses "dependem para os outros entes, para alguns de modo mais direto, e para outros de modo indireto, o ser e o viver".[62] Trata-se dos motores imóveis dos céus que – como veremos – são muitos, dos quais dependem o movimento e, portanto, a vida, dos astros, bem como, pela mediação do sol e das estações, a geração e a corrupção dos seres que vivem na Terra.

Segundo Aristóteles, o universo é, por sua vez, animado – como o era também para Platão – porque, como todos os seres vivos, tem um alto e um baixo, uma direita e uma esquerda, uma parte anterior e uma parte posterior; os corpos terrestres têm por matéria, em última análise, os quatro elementos – terra e água, ar e fogo – que já tinham sido admitidos por Empédocles e por Platão, elementos misturados de várias maneiras entre si. Todavia, esses elementos tendem a distribuir-se em quatro áreas, ou regiões, concêntricas: o elemento terra constitui a Terra que é, por seu turno, um corpo esférico posto no centro do universo e imóvel (como também para Platão), acima do qual existe a região da água, enquanto acima da água existe a região do ar, e acima do ar se acha a região do fogo, e este último é produzido pelo atrito dos astros, que são feitos de éter, com a superfície do ar. Enquanto a superfície extrema, que depois será chamada céu das estrelas fixas (porque as estrelas permanecem equidistantes entre si), está

---

62 Aristot. *De Cael.*, I 9, 279 *a* 16-30.

girando sobre si mesma com um único movimento, os outros astros, o sol e os planetas, estão submetidos – como veremos melhor a seguir – a uma pluralidade de movimentos circulares somados uns aos outros, produzindo a aparência de um movimento irregular. O filósofo afirma que isso depende do fato de que o motor imóvel não necessita de movimento algum para atingir o próprio bem, a própria felicidade, visto que já a possui; mas o céu das estrelas fixas, que é o corpo mais próximo do motor imóvel e, por conseguinte, o mais perfeito, necessita de um só movimento para alcançar o próprio bem, que é o girar sobre si mesmo, ao passo que os menos perfeitos necessitam de um número maior de movimentos.[63]

Os elementos terrestres, conforme Aristóteles, têm peso (terra e água) e leveza (ar e fogo), por isso tendem respectivamente para baixo, para o centro da Terra ou para o alto, para o céu das estrelas fixas. Portanto, o alto e o baixo podem ser considerados os "lugares" próprios, por natureza, dos elementos, e estes serão chamados em seguida "lugares naturais". Quando um corpo é feito predominantemente de terra e de água, e foi por este ou por aquele motivo posto no alto, tende a ir para baixo, e quando é feito predominantemente de ar e de fogo, e foi posto abaixo, tende para o alto.[64] Explicam-se assim os movimentos naturais dos corpos. Desse modo, Aristóteles criou uma cosmologia, capaz de explicar a maior parte

---
63 *Ibid.*, II 12, 292 *b* 1-25.
64 *Ibid.*, III-IV.

dos fenômenos de que temos experiência, e esta iria perdurar uns dois milênios, até que principiasse a se impor, com Nicolau Copérnico e Galileu Galilei, o modelo heliocêntrico de universo, e, com Galileu e Isaac Newton, uma outra mecânica, capaz de explicar fenômenos terrestres e celestes por meio das mesmas leis, como por exemplo a lei da gravitação universal.

Enquanto na *Física* Aristóteles explicou a mudança em geral, e no *De Caelo* explicou, sobretudo, o movimento local dos corpos celestes e terrestres, no *De Generatione et Corruptione*, o tratado que acompanha também nas suas intenções o *De Caelo*, Aristóteles se detém na explicação da geração e da corrupção, a forma de mudança mais radical a que se acham sujeitos os corpos terrestres. Essa mudança, como já dissemos, refere-se à substância, ou seja, é mudança substancial, é o desfazer-se ou desintegrar-se de uma substância que antes existia. O substrato da geração e da corrupção é a sua matéria que, em última análise, é constituída pelos quatro elementos, terra, água, ar e fogo: é dessa mistura, conforme variam suas proporções, que são constituídos todos os corpos terrestres.[65]

Mas os mesmos quatro elementos se geram e se corrompem: a água, com efeito, pode tornar-se ar, evaporando, e o ar pode tornar-se água, pela condensação, da mesma forma que a água pode se tornar terra, congelando-se, tal como, enfim, o ar pode se tornar fogo, aquecendo-se (o atrito dos astros com o ar), e o fogo pode se tornar ar (a fumaça),

---

65 Aristot., *De Gen. et corr.*, I.

quando esfria. Para explicar a geração e a corrupção dos elementos, Aristóteles admite a existência de um tipo de matéria que desempenha a função de substrato comum a eles, mas esclarecendo precisamente que ela não existe jamais "separada", isolada, mas é sempre caracterizada pelas qualidades contrárias que distinguem os elementos, a saber, quente e frio, seco e úmido.[66] Quando de fato a matéria é fria e seca, ela é terra; quando é fria e úmida, ela é água; quando é úmida e quente, ela é ar; e quando ela é quente e seca, é fogo.[67] Por conseguinte Aristóteles não fala da existência da matéria que os comentadores vão denominar "matéria-prima" no estado separado, porque com essa expressão ele indica ou a matéria próxima da qual é formado um corpo (por exemplo, o bronze para uma estátua), ou então os próprios elementos.[68] Os elementos, então, são a causa material primeira dos corpos terrestres, ao passo que as qualidades sensíveis fundamentais, quente-frio, seco-úmido, pertencem ao gênero das causas formais, embora não seja possível dizer que constituam a primeira causa formal, porque esta é a própria forma das substâncias, cuja plena realização é também sua causa final.[69]

Enfim, no *De Generatione et Corruptione*, Aristóteles indica a causa motora primeira da geração e da corrupção. Segundo ele, é o sol. Este, com o

---

66   *Ibid.*, II 1, 329 *a* 24-26.
67   *Ibid.*, II 3.
68   Aristot., *Metaph.*, IX 7, 1049 *a* 26-28.
69   Aristot., *De gen. et corr.*, II 9, 335 *b* 5-7.

seu movimento diurno (aparente para nós, mas real para Aristóteles) de rotação ao redor da Terra e com o seu sempre aparente deslocamento do movimento diurno alternativamente próximo do hemisfério boreal e próximo do hemisfério austral nas diferentes estações do ano (que Aristóteles considera como se fosse um movimento ao longo do círculo da eclítica, ou "círculo oblíquo") determina o alternar-se do quente e do frio nas diversas regiões da Terra que, por seu turno, produz a transformação dos elementos, a geração e a corrupção das plantas, o consequente nascer e morrer dos animais e dos seres humanos. Nessas circunstâncias, a geração e a corrupção no conjunto do universo assumem um andamento cíclico, porque os elementos vão se transformando uns nos outros de maneira cíclica (a terra se torna água, a água se torna ar, o ar se torna fogo, mas em seguida novamente o fogo se torna ar, o ar se torna água e a água se torna terra), e todos os outros corpos são gerados e se corrompem de acordo com o ciclo das estações. Esse andamento cíclico da geração e da corrupção, ainda conforme o filósofo, é uma imitação do movimento circular dos céus.[70] Pode-se efetivamente afirmar que cada coisa retorna continuamente ao ponto de partida do seu movimento: quanto às realidades eternas, os corpos celestes, estes retornam para esse ponto como indivíduos, que são os mesmos numericamente, ao passo que os corpos corruptíveis para lá retornam como

---

70 *Ibid.*, II 10, 337 *a* 1-4.

espécie, porque cada indivíduo que se gera é da mesma espécie daquele que o gerou – portanto, aquilo que neles existe de eterno é a espécie.[71]

No tratado *Meteorologica*, que vem após o *De Generatione et Corruptione*, Aristóteles explica, sempre com o recurso do quente e do frio, do seco e do úmido, os fenômenos da região sublunar, como a chuva e a neve, o granizo no ar, as pedras e os metais na terra, inaugurando aquele tipo de ciência que na era moderna será a química.

5. Obras de psicologia e de biologia

Na física, como já se disse, também se inclui para Aristóteles o estudo dos seres vivos, pois estes são seres da natureza, possuindo em si mesmos o princípio do movimento e do repouso. Como esse princípio nos seres vivos, sejam eles vegetais, animais ou humanos, é segundo Aristóteles a alma, a ciência da alma, à qual nós damos o nome de psicologia (de *psychê*: alma), na visão aristotélica faz parte da física, e vai ser exposta no *De Anima*, tratado que estuda não apenas a alma humana, mas também a alma de todos os seres vivos. No entanto, dado que Aristóteles, como vamos ver logo a seguir, considera a alma como algo inseparável do corpo (com algumas dúvidas apenas a propósito do intelecto), a ciência da alma, a seu ver,

---

71 *Ibid.*, II 11.

é uma física que não se ocupa só com a matéria, mas também com a forma. Por exemplo, quando quer definir uma paixão da alma, a cólera, digamos, não deve o físico limitar-se a dizer que a cólera "é o sangue fervendo ao redor do coração", considerando desse modo apenas a matéria da cólera, nem tampouco limitar-se a dizer que ela é "o desejo de vingar-se ou algo parecido", como o fariam os dialéticos, mas deve levar em conta ambos os aspectos, quer da matéria, quer da forma.[72]

No *Livro I* do tratado *De Anima* Aristóteles apresenta as opiniões dos filósofos anteriores sobre a alma, que não constituem "opiniões endoxais", e sim opiniões que merecem ser discutidas e avaliadas à luz das opiniões endoxais, assim como se indicou nos *Tópicos*. No *Livro II* ele propõe uma definição da alma, que é o resultado da precedente discussão e que vai constituir o ponto de partida para a demonstração de todas as propriedades da alma. Segundo essa definição, a alma é "a forma de um corpo natural que tem a vida em potência". E como a forma de um corpo é também o seu ato, e também como há duas espécies de ato, o ato primeiro, que consiste na posse de uma capacidade, por exemplo, da ciência, e aquele que em seguida será denominado "ato segundo", que é o exercício dessa capacidade, pode-se igualmente definir a alma como "o ato primeiro de um corpo natural, que tem a vida em potência". Em outras palavras, o ato de um corpo

---

72 Aristot. *De An.*, I 1, 403 *a* 29 *b* 9.

natural "dotado de órgãos".⁷³ Para ilustrar melhor essa definição, Aristóteles recorre a dois exemplos e afirma que, se o machado fosse um corpo natural, sua alma seria a sua essência de machado, a capacidade de rachar (lenha); e se o olho fosse um animal, sua alma seria a vista, a capacidade de ver. Um machado, incapaz de rachar (lenha), seria um machado somente "por homonímia", isto é, só de nome, e igualmente um olho destituído de vista seria um olho somente "por homonímia", como um olho de pedra ou pintado.⁷⁴

Isso demonstra que a forma, para Aristóteles, não é uma essência estática (inerte), mas um princípio dinâmico, uma capacidade de agir, de desempenhar certas funções. A alma é, precisamente, a capacidade de viver, de desempenhar todas as funções em que consiste a vida, e que se acha presente em um corpo quando este está vivo, mesmo quando não exerce todas as funções de que é capaz, por exemplo, quando um animal está dormindo. Alma é aquilo que faz a diferença entre um corpo vivo e um cadáver. Por isso, os seres que em grego se denominam "vivos" (*zôa*, de *zên*, viver), em latim são chamados de "animais", o que significa seres dotados de alma, animados. Assim compreendida, a alma já não é uma substância separável do corpo, que entraria nele na hora do nascimento e sairia fora dele no momento da morte, como sustentavam os pitagóricos e Platão, mas é inseparável do corpo, com o qual constitui

---
73   *Ibid.*, II 1, 412 *a* 20-*b* 6.
74   *Ibid.*, 412 *b* 11-22.

uma única substância, a substância viva, ainda que – acrescenta o mesmo Aristóteles – fique de pé o problema de verificar se algumas de suas funções seriam separáveis.[75]

O viver consiste precisamente em múltiplas funções, como nutrir-se, crescer e reproduzir-se, no caso das plantas, com o acréscimo do mover-se e do perceber, no caso dos animais, e com o acréscimo do pensar, no caso dos seres humanos. Para Aristóteles existem, portanto, três tipos de alma: a alma vegetativa, própria das plantas; a alma sensitiva, própria dos animais não humanos; e, enfim, a alma intelectiva, própria dos humanos.[76] Todavia, esses três tipos de alma não coexistem um ao lado do outro, mas se acham incluídos uns nos outros, no sentido que aquele dotado de maior capacidade, ou superior, contém em si, em potência, os menos dotados, assim como nas figuras geométricas o quadrilátero contém em si o triângulo, porque pode ser dividido em dois triângulos.[77] Isso quer dizer que um ser humano não possui três almas, como sustentava Platão, mas possui uma única alma, a intelectiva, e esta é capaz de também desempenhar as funções da vegetativa (nutrir-se e reproduzir-se) e as da sensitiva (mover o corpo e perceber).

A função fundamental da alma, já presente na alma vegetativa, é a capacidade de gerar, de se

---
75 *Ibid.*, 412 b 23-413 a 10.
76 *Ibid.*, II 2.
77 *Ibid.*, II 3.

reproduzir, comum a todos os viventes, plantas, animais e seres humanos. Com efeito, disse Aristóteles:

> *A função mais natural dos seres vivos, dos seres que alcançaram o desenvolvimento e não são defeituosos [...], é produzir um outro indivíduo semelhante a si, o animal, um animal e a planta outra planta, e isso para participar, na medida do possível, do eterno e do divino.*[78]

O eterno e o divino de que se trata aqui é o céu, que gira eternamente sobre si mesmo. No *De Generatione et Corruptione*, como já vimos, Aristóteles afirmou que o ciclo dos elementos imita o movimento do céu. Agora acrescenta que da mesma forma o ciclo da reprodução dos seres vivos participa do eterno, no sentido de imitar o céu. Por conseguinte, a alma é não só forma, causa formal dos seres vivos, mas, enquanto princípio da geração, é também a sua causa motora. E como a geração tende a perpetuar a espécie, que vem a ser o conjunto de todos os indivíduos que têm a mesma forma, é também o seu fim, a sua causa final. Como causa formal dos seres vivos, a alma é a causa do seu ser – para Aristóteles, com efeito, a forma se define como a causa pela qual uma coisa é o que é –, porque o ser para os seres vivos é o viver, e a alma é precisamente a causa do viver, justamente aquilo que faz com que os seres vivos sejam vivos.[79] Essa concepção revela igualmente como o filósofo compreende o ser: não como simples existência indiferenciada, mas

---

78 *Ibid.*, II 4, 415 *a* 26-*b* 1.
79 *Ibid.*, 415 *b* 7-14.

como ser determinado pela essência. Nós também, aliás, ao falarmos hoje de um ser vivo que já não existe mais, por exemplo falando de Sócrates, não dizemos que "Sócrates é", pois isso significaria que Sócrates está vivo, mas dizemos que "Sócrates foi", que ele viveu, portanto, identificamos o ser dos seres vivos com o viver. A mesma coisa acontecia na época de Aristóteles, que então poderia obter confirmação dessa sua maneira de conceber baseando-se na linguagem comum.

Às funções da alma sensitiva, quais sejam as percepções dos corpos sensíveis, Aristóteles dedica o restante do *Livro II* do *De Anima*, analisando os cinco sentidos (visão, audição, olfato, paladar e tato) mediante uma série de descrições que fizeram época e que aqui, por razões de espaço, não podemos reportar. Ele define a faculdade perceptiva, que é o sentido, como a capacidade de se tornar semelhante, ou de se assimilar (*homoiousthai*), ao objeto.[80] A seguir, ele esclarece esse conceito explicando que "o sentido é a capacidade de assumir as formas sensíveis sem a matéria, tal como a cera recebe a marca do anel sem o ferro ou o ouro".[81] Desse modo, o ato do conhecer, na mais elementar de suas formas, uma forma comum a todos os animais, é uma espécie de identificação da alma com as coisas, uma assimilação, por parte desta, das formas das coisas, a qual se pode explicar graças à distinção entre matéria e forma. No *Livro III* dessa

---

80   *Ibid.*, II 5, 418 *a* 5-6. A essa passagem se refere provavelmente *De int.*, I, 16 *a* 7, na qual o filósofo diz que as afecções da alma são "assimilações" (*homoiômata*) das coisas, remetendo depois ao *De Anima*.
81   Aristot., *De an.*, II 12 424 *a* 16-20.

mesma obra, o filósofo analisa o assim chamado "sentido comum", a saber, a capacidade de aperceber-se de aspectos comuns a diversos sentidos (por exemplo, o movimento), a percepção da percepção e a imaginação (*phantasia*), qual seja, a capacidade de receber ou produzir imagens, ou aparências sensíveis, que funciona de certo modo como um grau de conhecimento intermediário entre a percepção e o pensamento.[82]

A faculdade de pensar, função fundamental da alma intelectiva (a alma humana), é o intelecto (*nous*). Dado que – diz Aristóteles – o pensar é análogo ao perceber, o intelecto é, como o sentido, a capacidade de assumir as formas, não mais sensíveis, mas inteligíveis. Um objeto pode ter efetivamente uma forma sensível, que é o seu aspecto perceptível pelos sentidos. Por exemplo, a forma sensível da água é o seu ser líquido, incolor e inodor, e essa forma é apreendida pelos sentidos (tato, visão e olfato). Mas esse objeto também possui uma forma inteligível, que é a sua essência; por exemplo, a forma inteligível da água é aquilo que em termos modernos tem o nome de fórmula química (fórmula: pequena forma) da água, ou seja, H_2O. Tal como o sentido assume a forma sensível do objeto sem a sua matéria, assim também o intelecto assume a sua forma inteligível. Para fazê-lo – diz o filósofo – o intelecto deve estar em potência com relação à forma, deve ser intelecto em potência, de modo que, quando assumir a forma inteligível do objeto, ele se torna intelecto em ato, posse

---
[82] *Ibid.*, III, cap. 1-3.

da forma. Mas, para poder assumir todas as formas inteligíveis, o intelecto não deve ter nenhuma delas em ato, não deve estar "misturado" com nenhuma coisa. Por isso, Aristóteles pode afirmar que a alma intelectiva é "o lugar das formas", no seguinte sentido: antes de conhecê-las, é em potência todas as formas, e não é nenhuma dessas em ato, e depois de as ter conhecido contém a todas elas em ato, sempre, obviamente, sem a matéria.[83] Mais adiante, sempre se referindo à alma intelectiva, Aristóteles vai dizer que "a alma é, de certo modo, todos os seres", também que ela é "como a mão, porque a mão é o instrumento dos instrumentos, e o intelecto é a forma das formas".[84]

Ao chegar a esse ponto, Aristóteles aplica à alma intelectiva uma das doutrinas fundamentais da sua filosofia, já introduzida na *Física* e destinada a ser ulteriormente desenvolvida na *Metafísica*. De acordo com essa doutrina, aquilo que passa da potência ao ato exige uma causa já em ato que determine essa sua passagem. Também o intelecto, nessa perspectiva, para conhecer as formas inteligíveis, para que possa passar da potência ao ato relativamente a elas, exige um princípio produtivo (*poiêtikon*), o qual é, também ele, intelecto, mas um intelecto capaz de "produzir tudo", de tornar inteligíveis em ato todas as formas, algo análogo à luz, que torna visíveis em ato todas as cores. Esse intelecto, que será chamado pela tradição de "intelecto ativo", segundo Aristóteles, é "separável" (*chôristos*) e,

---

83 *Ibid.*, III 4, 429 *a* 10-30.
84 *Ibid.*, III 8, 431 *b* 20-432 *a* 2.

"uma vez separado (*chôristheis*), é só aquilo que é", porque é "por essência ato", ou seja, não é tal porque "ora pensa e ora não pensa", mas "só ele é imortal e eterno". "Contudo – acrescenta Aristóteles – nós não recordamos, pois ele é impassível, ao passo que o intelecto passivo (*pathêtikos nous*) é corruptível".[85]

Essa doutrina dos dois intelectos – o ativo e o passivo – suscitou inúmeras discussões e interpretações. As duas mais difundidas são a de Alexandre de Afrodísias e a de Tomás de Aquino. Para o primeiro, o intelecto ativo é o intelecto divino, a saber, o primeiro motor imóvel, pois é eterno e está sempre pensando. Para o segundo, o intelecto ativo é o próprio intelecto humano, pois quem pensa é o indivíduo humano. O texto do filósofo é demasiadamente sintético para que se possa endossar definitivamente esta ou aquela interpretação, enquanto outras passagens parecem ser favoráveis quer à inseparabilidade da totalidade da alma do corpo (o que torna o intelecto ativo exterior à alma humana e, portanto, torna esta última mortal), quer à separabilidade e, portanto, à imortalidade do intelecto, compreendido como parte da alma humana.

Na parte restante do livro *De Anima*, Aristóteles mostra como o intelecto está habilitado a conhecer os "indivisíveis", ou seja, as formas inteligíveis das coisas, antes de uni-las ou dividi-las nos juízos respectivamente afirmativos ou negativos, mediante um conhecimento que, diversamente dos juízos, não pode ser verdadeiro ou falso, mas pode apenas se

---

85 *Ibid.*, III 5, 430 *a* 10-25.

produzir ou não se produzir.[86] Muitas vezes se acreditou que desse modo Aristóteles estaria aludindo a uma intuição imediata das formas, mas na realidade o conhecimento destas, para o filósofo, pressupõe sempre a percepção dos objetos sensíveis dos quais as formas são formas, ainda que inteligíveis. Ele declara, efetivamente, que:

> Se não se percebesse nada, não se apreenderia nem se compreenderia nada, e quando se pensa, necessariamente se pensa ao mesmo tempo um produto da imaginação (phantasma), ou seja, uma percepção sem matéria.[87]

Nesses termos, o conhecimento das formas vem a ser o resultado de um processo que parte do conhecimento sensível, o qual pode ser a "indução", descrita no final dos *Analíticos Segundos*, ou a discussão dialética, descrita nos *Tópicos*, a propósito da definição. Em todo caso, o filósofo não admite conhecimentos inatos, como eram admitidos por Platão, nem intuições imediatas do tipo místico, tendo em vista a unidade por ele afirmada entre o corpo e a alma, entre a percepção e o pensamento.

Enfim, Aristóteles mostra como o sentido e o intelecto vão sempre acompanhados pela capacidade de se moverem, pelo desejo, e este sempre tende a um bem, a um objeto desejável. Esse objeto, permanecendo imóvel, move o desejo, portanto é um motor imóvel,

---
86 *Ibid.*, III 6.
87 *Ibid.*, III 8, 432 *a* 7-10.

ao passo que o desejo, que por seu turno move o animal, é um motor movido. Mas o bem, para que possa ser desejado, deve, em primeiro lugar, ser conhecido e pode ser conhecido quer pela imaginação quer pelo intelecto. O bem conhecido pela imaginação pode ser um bem apenas aparente, e por isso o desejo que daí decorre não é reto, ao passo que o bem conhecido pelo intelecto é um bem real, objeto de um desejo reto. O intelecto que tem como alvo apenas o conhecer é chamado por Aristóteles "intelecto teorético", enquanto aquele que tem como objeto o bem, como ponto de partida da ação, é denominado "intelecto prático".[88] Todas as faculdades possuídas pelo animal, como os sentidos, a imaginação e o intelecto, têm, portanto, como fim o bem.[89]

No *Corpus Aristotelicum,* o tratado *De Anima* é seguido por sete pequenos tratados, denominados tradicionalmente *Parva Naturalia*. Esses discutem vários fenômenos comuns à alma e ao corpo, aos quais daríamos o nome de processos psicossomáticos, e revelam de novo a convicção aristotélica de uma íntima unidade entre alma e corpo. Eles têm por objeto o sentido e as coisas sensíveis (*De Sensu et Sensibilibus*), a memória e a reminiscência (*De Memoria et Reminiscentia*), o sono e a vigília (*De Somno et Vigilia*), os sonhos (*De Insomniis*), a adivinhação no sono (*De Divinatione per Somnum*), o comprimento e a brevidade da vida (*De Longitudine et Brevitate Vitae*), a

---
88 *Ibid.*, III, cap. 9-10.
89 *Ibid.*, III, cap. 11-13.

juventude e a velhice, a vida e a morte, e a respiração (*De Iuventute et Senectute, de Vita et Morte, de Respiratione*). Um dos problemas que neles se trata, e que revela a postura "científica" de Aristóteles, é como explicar fenômenos de "adivinhação", de previsão do futuro, que ocorrem nos sonhos. Aristóteles exclui esses fenômenos serem causados por intervenções dos deuses, como se acreditava em sua época. Ele se mostra inclinado a considerar que tais fenômenos se devam ou a meras coincidências ou a pequenos sinais que passam despercebidos no estado de vigília e são recordados durante o sono, os quais revelam o início de processos que mais tarde se verificam como, por exemplo, uma enfermidade.[90] Uma doutrina, todavia, que dominou por milênios a opinião comum, e que acabou por se verificar totalmente falsa, é aquela segundo a qual o órgão em que residem as faculdades vegetativas e sensitivas é o coração. Aristóteles chegou a essa opinião, por um lado, com base na observação de que o coração é o órgão que primeiro se desenvolve nos animais com circulação sanguínea (por exemplo, no pintinho), e pelo outro lado com base na impressão de que a vida depende do calor, e a fonte desse calor seria justamente o coração.[91]

Depois dos tratados de psicologia, vem uma série imponente de obras que têm, todas elas, como tema os animais e que, na linguagem moderna, deveriam ser classificadas como de zoologia. Como, no entanto,

---

90   Aristot., *De div.*, I, 463 *a* 5 *b* 10.
91   Aristot., *De long.*, cap. 3-4.

Aristóteles compreende também o ser humano entre os animais, talvez fosse mais correto falar de biologia, ainda que esse termo tenha origem no grego *bios*, que não indica a vida em geral, mas o modo como se leva a vida, o estilo de vida. Essas obras formam quase um terço da totalidade do *Corpus Aristotelicum* e constituem o primeiro exemplo de abordagem sistemática do mundo vivo, destinado a dominar a história da biologia por milênios. É o que se comprova pelo fato de que o próprio Charles Darwin, o qual com a sua teoria da evolução das espécies pôs um termo à hegemonia do fixismo aristotélico, escreveu que os maiores biólogos modernos, como Lineu e Cuvier, se comparados com "o velho Aristóteles", não passavam de "simples alunos do Fundamental" (*mere school boys*).[92] Essas obras podem ser divididas em duas partes, correspondentes aos dois grandes momentos do método aristotélico: a descrição do "quê", ou seja, a descrição dos fenômenos, que Aristóteles chama de *historia*, significando "história" em um sentido muito amplo do termo, e a indicação do "porquê", ou seja, das causas que, para Aristóteles, constitui a ciência no pleno sentido da palavra.

A descrição do "quê", a respeito dos animais, se acha na *Historia Animalium*, obra monumental, compendiada em dez livros (dos quais somente oito têm autenticidade comprovada), em que Aristóteles descreve as partes, as funções, os ambientes, os comportamentos e

---

92 GOTTHELF, A. Darwin on Aristotle. *Journal of the History of Biology*, XXXII, 1999, pp. 3-30.

a reprodução de mais de quinhentas espécies de diferentes animais, mediante uma série de pesquisas que hoje chamaríamos de anatomia, fisiologia, ecologia, etologia e genética. A obra foi provavelmente escrita nos anos em que Aristóteles percorreu a Ásia Menor e na Ilha de Lesbos (347-343 a.C.), em companhia de Teofrasto (que vai escrever, por seu turno, uma história das plantas), e se vale de muitíssimas observações pessoais, realizadas mediante a dissecção de animais, como também de testemunhos de outros observadores que atuavam "no campo": pescadores, caçadores, criadores de gado e até açougueiros. Nessa obra, Aristóteles classifica os animais praticando ainda em larga escala a divisão dicotômica, que remontava à Academia (animais aquáticos e não aquáticos, solitários e sociais, vivíparos e ovíparos), e examina as suas semelhanças e diferenças, praticando uma espécie de anatomofisiologia comparada. Uma das figuras lógicas que utiliza com maior frequência é a da "analogia", compreendida no sentido estritamente matemático de identidade de relações entre termos diferentes (A:B = C:D). Por exemplo: "Os pulmões estão para os mamíferos como as brânquias para os peixes".

A parte propriamente científica dessas pesquisas está contida principalmente no *De Partibus Animalium*, o tratado que se abre com um célebre elogio da biologia, de acordo com o qual mesmo na observação dos animais menos atraentes a natureza "brinda com imensas alegrias aquele que souber compreender-lhe as causas, ou seja, quem for autenticamente filósofo".[93] As causas que a biologia deve descobrir são principalmente da ordem das causas formais, a forma, a estrutura, comum a todos os animais da mesma espécie, e a causa final, a meta, a função para a qual servem as partes dos animais. Segundo Aristóteles, com efeito, a estrutura de cada órgão do corpo dos animais só se compreende quando se descobre qual é a sua função. "Com efeito, a natureza – escreve o filósofo – adapta os órgãos à função, não a função aos órgãos".[94] Quanto aos órgãos, estes são, por sua vez, coordenados conjuntamente em todo o organismo, e este então tem como fim a plena realização da própria forma, portanto – como já se disse no *De Anima* –, a reprodução, a perpetuação da espécie.

No tratado *De Partibus Animalium*, Aristóteles distingue as partes homogêneas, como os tecidos e os fluidos presentes no corpo (fundamental nos animais sanguíneos é o sangue), e as partes não homogêneas, como os órgãos, e explica de forma profunda o funcionamento destes, como os órgãos dos sentidos (olhos, ouvidos e língua), o coração (centro e princípio vital de todo o organismo), as veias, os pulmões, o fígado etc. Para a classificação dos animais, que não pretende ser completa, mas quer servir como uma espécie de anatomia comparada, ele utiliza ainda o método da divisão, não mais, porém, da simples divisão dicotômica de origem acadêmica, mas sim da

---

93 Aristot., *De part. an.*, I 5, 645 *a* 7-10.
94 *Ibid.*, IV 12, 694 *b* 13-14.

divisão mais complexa em gêneros e espécies, inaugurada pela sua dialética. Chega assim a dividir os animais em sanguíneos (correspondentes aos vertebrados) e não sanguíneos (invertebrados), os sanguíneos em vivíparos (mamíferos) e ovíparos (peixes, répteis e aves), e os não sanguíneos em cefalópodes, crustáceos, insetos e gastrópodes, e cada um desses gêneros em numerosas outras espécies.[95]

As diversas espécies de animais, de acordo com Aristóteles, são ordenadas segundo uma hierarquia de graus de perfeição (que receberá o nome de *escala natural*). Essa escala é contínua, "não faz saltos", e vai culminar no ser humano (*anthrôpos*, não macho, mas ser humano), animal superior a todos os outros.

> *O ser humano* – escreve, com efeito, Aristóteles – *é o único dos animais que tem postura ereta, pois a sua natureza e a sua essência são divinas, e a função daquilo que é divino no máximo grau consiste no pensamento e na inteligência. Mas cumprir tal função não seria fácil se o corpo fosse demasiadamente pesado na parte superior, pois o peso entorpece o pensamento e a percepção comum.*[96]

Por causa disso o ser humano é, em certo sentido, a norma dos animais, o modelo do qual se aproximam em grau diverso todos os outros. Por isso, sobretudo por meio do estudo do ser humano é que se compreende também como é o funcionamento dos outros animais.

---
95 Uma tabela completa da classificação aristotélica dos animais se acha no Apêndice a Aristóteles, em: *Opere Biologiche*, edição a cargo de D. Lanza e M. Vegetti. Torino: Utet, 1971.
96 Aristot., *De part. an.*, IV 10, 986 a 27-32.

Uma espécie de Apêndice ao *De Partibus Animalium* é o *De Animalium Incessu*, a saber, "sobre a locomoção dos animais". Neste, Aristóteles explica o modo como cada animal se move, conforme a maneira como se acha estruturado. Na opinião do filósofo, todo animal possui, com efeito, um alto e um baixo, um lado direito e um lado esquerdo, uma parte anterior e uma posterior, e em correspondência a essas partes possui órgãos para a locomoção como pernas, pés, barbatanas, asas, e graças a estes pode andar, nadar, voar, deslizar ou rastejar. Mais importante, porém, é o *De Motu Animalium,* no qual Aristóteles mostra que também para explicar o movimento dos animais, que se movem por si mesmos, é necessário admitir um motor imóvel, quer nas articulações das pernas, que permanecem imóveis no movimento destas, quer no objeto por eles almejado, que constitui o fim do movimento deles. Interessante é a ênfase que Aristóteles põe na diferença entre o movimento dos animais e o movimento do céu. Observa ele que o movimento deste último não tem seu termo em nenhum objeto, como o dos animais, e que o motor imóvel do céu é por demais divino e demasiadamente nobre para ser anterior, isto é, para ser o fim do movimento do céu.[97] Isso significa que o motor imóvel é a causa motriz do céu, não a sua causa final, como ao invés se acreditou com base nos comentaristas antigos (de novo abordaremos esse ponto ao falarmos da *Metafísica*).

---

97 Aristot., *De motu an.*, 6, 700 *b* 29-35. Traduzo o texto transmitido por todos os manuscritos, sem as correções dos editores modernos.

A última grande obra de biologia é o *De Generatione Animalium*, que foi considerado no pleno sentido um tratado de genética. Nesse tratado Aristóteles explica a reprodução dos animais sexuados, especialmente dos mamíferos, incluindo os seres humanos. Ele recorre mais uma vez à doutrina da matéria e da forma, atribuindo à fêmea a função de fornecer a matéria e ao macho a função de fornecer a forma. Essa drástica separação das duas funções – que vai ser desmentida pela genética moderna, segundo a qual ambos os genitores contribuem de igual modo para a geração do embrião – deve-se à observação, realizada por Aristóteles, de que em todas as espécies animais a fêmea interrompe as menstruações durante a gravidez, e à aparência espumosa do esperma, que leva a pensar que se evapora completamente. Daí Aristóteles concluiu que o sangue menstrual não escorre mais porque ele concorre, como matéria, para formar o embrião, e que o esperma não leva para ele matéria nenhuma, mas concorre somente para determinar sua forma.[98]

Mais precisamente, conforme Aristóteles, o esperma, que contém um elemento análogo ao éter, que se chama "pneuma", transmitiria ao sangue menstrual movimentos, e estes fariam com que o embrião assumisse a mesma forma que é própria do genitor masculino, ou seja, uma alma especificamente idêntica à alma do pai, embora numericamente distinta, agindo desse modo, quer como causa motriz, quer

---
98 Aristot., *De gen. an.*, I, cap. 19-22.

como causa formal. Assim se formariam no embrião os diversos órgãos, um depois do outro, a começar pelo coração, conforme um processo que William Harvey, que descobriu a circulação do sangue, denominará "epigênese", e que será confirmado pela genética moderna.[99] Em vista dessa doutrina, Aristóteles foi considerado por alguns geneticistas do século XX um precursor da descoberta do DNA, dado que a forma transmitida pelo pai por meio do esperma atua sobre o desenvolvimento do embrião como um programa. Noutros termos, atua como um princípio diretor do seu desenvolvimento, do mesmo modo como, segundo a genética moderna, a sequência do DNA contido no zigoto (resultado da fusão entre as células fornecidas por ambos os genitores) determina o desenvolvimento do embrião.[100]

O embrião humano, de acordo com Aristóteles, primeiro vive a vida da planta, ou seja, desenvolve as funções vegetativas, a seguir vive a vida do animal, quer dizer, desenvolve as funções sensitivas e somente no fim do desenvolvimento, ao se tornar uma criança, começa a desenvolver as funções tipicamente humanas (aprendendo, então, a falar). Isso, no entanto, não quer dizer que o ser humano possua primeiro uma alma vegetativa, a seguir uma alma sensitiva e só ao fim uma alma intelectiva, como acreditaram

---
99 *Ibid.*, II, cap. 1-2.
100 DELBRÜCK, M. *Aristotle-totle-totle*, em: J. MONOD; E. BOREK (Eds.), *Of Mocrobes and Life*. New York: Columbia University Press, 1971, pp. 50-55; E. MAYR, *Storia del Pensiero Biologico*. Torino: Bollati Boringhieri, 1999, p. 13.

muitos comentadores (inclusive Tomás de Aquino), equivocando-se quanto ao significado de uma passagem em que Aristóteles afirma que "o intelecto entra a partir de fora", quando na realidade ele está se referindo a uma tese de Platão.[101] Pelo contrário, a alma presente no embrião humano, desde o momento da sua concepção, para Aristóteles já é uma alma humana, especificamente idêntica à alma do pai. E esta possui em potência as faculdades vegetativas e sensitivas, como se explicou no *De Anima*, e as faz passar ao ato à medida que se vão formando no embrião os órgãos corporais necessários para o seu funcionamento. Por conseguinte, ela possui também o intelecto, faculdade por Aristóteles considerada divina, que, no entanto, é a última a passar ao ato.[102]

Uma última questão interessante, que se acha na biologia aristotélica, é a sua tentativa de explicar as semelhanças entre genitores e filhos. No caso dos filhos que se assemelham ao pai, não há problema algum, pois, como já vimos, a forma e, portanto, também o aspecto derivam do pai para os filhos. O problema surge quando os filhos nascem parecidos com a mãe. Estes, no ponto de vista de Aristóteles, constituem

---

101 Aristot., *De gen. an.*, II 3, 736 *b* 27-28. MORAUX, P., *À propos du "nous thuraten"*, em: *Autour d'Aristote. Récueil D'Études Offert à Mgr. A. Mansion*, Louvain: Publications Universitaires de Louvain, 1955, pp. 255-295.
102 Aristot., *De gen. an.*, II 3, 736 *b* 29-737 *a* 25. E. Berti, *L'Origine dell'Anima Intellettiva Secondo Aristotele*, em: F. ALESSE; F. ARONADIO; M.C. DALFINO; L. SIMEONI; F. SPINELLI (Eds.), *Anthropine Sophia. Studi in memoria di G. Giannantoni*. Napoli: Bibliopolis, 2008, pp. 295-328.

uma anomalia, que ele explica admitindo um excesso do movimento proveniente do pai, ou seja, do esperma, graças a um movimento contrário proveniente da mãe, do sangue menstrual. A causa disso – afirma Aristóteles – é que o agente sofre, por seu turno, uma ação causada pelo pai como, por exemplo, uma lâmina que corta fica embotada por aquilo que é cortado, aquilo que esquenta é resfriado por aquilo que é aquecido e, de modo geral, aquilo que move, salvo o primeiro motor, é por sua vez movido.[103] Desse modo, Aristóteles reconhece um tipo de função ativa, formativa, também na mãe, corrigindo em parte a aplicação por demais unilateral do modelo matéria-forma que se encontra na base do *De Generatione Animalium*.

6. Metafísica

Depois das obras de física, encontramos no *Corpus Aristotelicum*, que nos foi transmitido pelos manuscritos, a *Metafísica*. Este título em grego se lê como *ta meta ta physika*, o que significa "as coisas (que estão) depois das coisas físicas". Trata-se de uma obra que abrange quatorze livros, com uma série de cursos ministrados por Aristóteles em oportunidades diversas e reunidos talvez por ele mesmo ou pelos primeiros editores, aos quais também se deve o título, justificado pelo fato de que o seu conteúdo pressupõe com efeito as obras de física. Que se trata de cursos diferentes está provado, antes de mais nada,

---

[103] Aristot., *De Gen. an.*, IV 3, 768 *a* 31-b 1, *b* 15-20.

pela presença na obra de dois livros primeiros, *Alpha Meizon* (A, ou seja, I, maior), assim chamado por ser mais longo, e *Alpha Elatton* (A menor, que por comodidade é citado com "a" minúsculo e agora é o *Livro II*). O primeiro livro é uma introdução a uma ciência que se chama "sabedoria" (*sophia*), e o segundo a uma ciência que se chama "filosofia", sem ulteriores adjetivos, mas que pelo seu objeto acaba por coincidir com a "sabedoria". Para chegar a dizer o que vem a ser essa tal sabedoria, Aristóteles apresenta uma descrição de graus sucessivos do saber, que se abre com a celebérrima afirmação: "Todos os seres humanos, por natureza, desejam saber", e essa sentença implica que eles desejem saber sempre mais e, por isso, o grau de saber mais elevado será também o que mais se deseja.

O primeiro grau de saber, na perspectiva aristotélica, é a percepção (*aisthêsis*) de um objeto sensível. O segundo grau é a recordação (*mnêmê*), ou seja, a permanência da imagem do objeto que se percebeu. O terceiro grau é a experiência (*empeiria*), que Aristóteles define como "muitas recordações do mesmo objeto". E isso equivale, portanto, a ser perito ou ter experiência de um certo estado de coisas. Por exemplo, saber que Cálias, Sócrates e muitos outros indivíduos, que estavam sofrendo de uma certa doença, melhoraram de saúde quando tomaram um determinado remédio. Por isso ele afirma que a experiência é o conhecimento dos casos particulares, a saber, do fato "que" (*hoti*) as coisas estão indo de um determinado jeito. O quarto grau do saber é constituído pela ciência e pela arte (*technê*: ciência aplicada a fim de obter um determinado resultado como, por exemplo, a medicina ou a arquitetura), que Aristóteles exemplifica como o ato de saber que determinado remédio fez bem a muitos indivíduos que estavam sofrendo de uma certa doença, ou seja, em todos os supracitados casos particulares, definidos segundo uma única espécie. Por isso, a ciência e a arte são conhecimento do universal e do "porquê", quer dizer, da causa, da explicação graças à qual as coisas se comportam de um certo jeito, e constituem um grau de saber mais desejado e mais apreciado do que a mera experiência. Assim, a pessoa detentora desse grau de saber é considerada mais "sábia".[104]

Há, contudo, um grau de saber superior à ciência e à arte, ao qual, por conseguinte, cabe o direito, com mais justiça ainda, de ser considerado "sabedoria". Trata-se da ciência que conhece não as causas imediatas de um determinado estado de coisas, mas as "causas primeiras", as causas que não necessitam de outras explicações, as causas mais universais de todas, porque explicam tudo, as causas mais difíceis de serem conhecidas, por serem mais distantes dos sentidos, e aquelas cujo conhecimento é o mais desejado e o mais apreciado, porque possibilitam saber mais, ou seja, satisfazem mais do que todas as outras o natural desejo de saber ou conhecer. Com efeito, segundo Aristóteles, a filosofia nasce do ato de se maravilhar (admiração, encantamento), nasce da tomada

---

104 Aristot., *Metaph.*, I, cap. 1.

de consciência da própria ignorância, e do desejo de escapar dessa ignorância. Num primeiro momento, os seres humanos se maravilharam com os fatos mais ao alcance da mão, para cuja explicação criaram toda a sorte de artes; a seguir, voltaram-se para fatos mais complexos como os fenômenos celestes, para cuja explicação criaram ciências como as matemáticas; enfim, buscaram descobrir como se deu a gênese de todo o universo, para cuja explicação acabaram inventando a ciência das causas primeiras, ou a ciência dos princípios. Esta é, por conseguinte, a ciência mais livre, pois é procurada com o único intuito de conhecer (portanto é uma ciência "teorética"), mas é também a mais apreciada e até a mais "divina", porque – explica o filósofo – "o deus" (termo que em grego indica uma espécie, como "o homem") a possui no grau mais elevado e, além disso, o deus, como parece a todos, é uma causa e um princípio, ou seja, está entre as causas primeiras.[105]

As causas primeiras – prossegue Aristóteles – estão incluídas entre os quatro tipos de causas já distinguidos na *Física*. Pois essas causas são as primeiras em cada um dos quatro gêneros de causas: material e formal, motriz (ou eficiente) e final. Para pôr à prova a validade dessa distinção, que ele evidentemente considera a sua doutrina mais importante, Aristóteles a confronta com todas as filosofias precedentes, com o pensamento de todos aqueles que buscaram as causas primeiras, e criou, desse modo, embora involuntariamente (porque

---

105 *Ibid.*, I, cap. 2.

o seu objetivo não é histórico, mas teórico), a primeira história da filosofia em que se compreende como filosofia precisamente a busca das causas primeiras. O primeiro pensador que ele cita é Tales de Mileto, que assim vai se tornar o primeiro filósofo reconhecido por Aristóteles por ter descoberto a primeira causa material, porque esta, à luz da distinção aristotélica, deve ser considerada a água, declarada por Tales como o princípio de todas as coisas. Mas também se incluem na primeira causa material os princípios postos por Anaxímenes (o ar), por Heráclito de Éfeso (o fogo), por Empédocles (os quatro elementos), por Anaxágoras (as "homeomerias") e por Leucipo e Demócrito (o cheio, ou seja, os átomos, e o vácuo). Na causa primeira eficiente também se incluem, por sua vez, a Amizade e a Discórdia, admitidas por Empédocles, e a Inteligência, concebida por Anaxágoras como a ordenadora do cosmos.[106] Os números, propostos pelos pitagóricos como princípios, constituem uma primeira alusão à causa formal, ao passo que o Uno, ao qual Parmênides e Melisso reduzem toda a realidade, é concebido pelo primeiro como forma e, pelo segundo, como matéria.[107]

A verdadeira descoberta da causa formal, na opinião de Aristóteles, ocorre, no entanto, com Platão, pois este é que teria "separado" das coisas sensíveis os "universais" procurados por Sócrates, dando-lhes precisamente o nome de "formas" (*eidê*) ou "Ideias".

---
106 *Ibid.*, I, cap. 3-4.
107 *Ibid.*, cap. 5.

E mais tarde teria também reduzido as mesmas Ideias a números ideais e esses últimos a dois princípios, o Uno e o "grande-pequeno", concebendo o primeiro como causa formal e o segundo como causa material das Ideias e das coisas sensíveis.[108] Embora a doutrina das Ideias se ache documentada pelos diálogos de Platão (Aristóteles cita o *Fédon*), a doutrina dos números ideais e dos dois princípios constitui aquelas que, na *Física*, o filósofo designa como "as assim chamadas doutrinas não escritas",[109] e ainda se acha em aberto entre os estudiosos o debate sobre essas. Nenhum dos filósofos precedentes viu com clareza, na opinião de Aristóteles, a causa primeira final, embora a Inteligência e a Amizade sejam concebidas por Anaxágoras e por Empédocles como causas do bem, tal como é concebido o Uno por Platão. Mas esses filósofos não dizem que tais princípios são o fim em vista do qual alguma coisa é ou vem a ser.[110]

Naturalmente Aristóteles não renuncia a levantar críticas ao modo como todos esses filósofos conceberam as causas primeiras, e então censura os pré-socráticos por terem ignorado a causa formal e, portanto, terem reduzido a realidade inteira ao mundo sensível, à natureza (por isso, em outras passagens, ele os chama de "físicos"). Quanto a Platão, ele o critica por haver separado a causa formal, as Ideias, das coisas das quais seriam as causas. Concluindo, porém,

---

108 *Ibid.*, cap. 6.
109 Aristot., *Phys.*, IV 2, 209 *b* 14-15.
110 Aristot., *Metaph.*, I, cap. 7.

ele encontra nos filósofos precedentes uma confirmação de sua doutrina dos quatro tipos de causa, pois nenhum deles encontrou outros tipos.[111] Isso demonstra que o filósofo não procura a originalidade, mas procura somente a verdade e se posiciona como o continuador de toda a filosofia precedente.

A filosofia como a busca da verdade, com efeito, é concebida no *Livro II* (*Alpha Elatton*), embora – acrescenta o filósofo – "não saibamos (o que é) a verdade sem a causa". Portanto, para conhecer as verdades supremas, é necessário que se conheçam as causas primeiras. E desse modo retornamos à definição da sabedoria, aqui designada simplesmente como "filosofia", concebida como ciência das causas primeiras. Nesse mesmo livro mostra Aristóteles que não é possível admitir, em nenhum gênero de causas, uma série infinita, porque isso tornaria impossível o saber. Por conseguinte, em cada um dos quatro gêneros é necessário que haja causas primeiras. Enfim, ele observa que toda ciência tem um método próprio, e que o método da física é menos rigoroso do que o da matemática, porque a física trata das coisas da natureza, que compreende a matéria.[112]

Ao método da "ciência procurada", ou seja, da ciência das causas primeiras, é dedicado, por sua vez, o *Livro III*. Nesse livro, Aristóteles explica que esse método consiste em: 1) formular "aporias", no sentido de levantar questões que admitam duas soluções

---

111 *Ibid.*, I, cap. 7-10.
112 Aristot., *Metaph.*, II, cap. 1-3.

contrárias; 2) desenvolver essas aporias, no intuito de deduzir as consequências que resultariam de cada uma dessas duas soluções possíveis; e 3) resolver as aporias escolhendo a solução que esbarra em menos dificuldades.[113] Como se vê, trata-se de um dos usos da dialética, descritos nos *Tópicos* como úteis às ciências, que poderíamos chamar de "método diaporético". A primeira aporia desenvolvida no *Livro III* com esse método consiste no ato de ver como a ciência das causas primeiras pode ser uma única ciência, desde que as causas não sejam entre si contrárias e, portanto, não sejam incluídas no mesmo gênero.[114] O problema surge, como se vê, da teoria da ciência exposta nos *Analíticos Posteriores*, segundo a qual cada ciência deve se dedicar a um único gênero de objetos. No *Livro III*, Aristóteles não resolve essa aporia nem as outras 14 que são também discutidas nesse livro.

A solução, todavia, acha-se no início do *Livro IV* e constitui uma das mais célebres doutrinas de Aristóteles. "Existe uma certa ciência – escreve o filósofo – que estuda o ente enquanto ente e os atributos que lhe pertencem de *per se*".[115] Ora, continua Aristóteles, dado que as causas primeiras são as causas de todos os entes, e devem ser causas dos entes considerados como tais, enquanto entes, e não enquanto, por exemplo, números ou grandezas, elas

---

113 Aristot., *Metaph.*, III 1, 995 *a* 24-*b* 2.
114 *Ibid.*, III, 2, 996 *a* 18-*b* 26.
115 *Ibid.*, IV, 1, 1003 *a* 20-21.

serão investigadas por uma única ciência. A ciência precisamente que estuda o ente enquanto ente.[116] O conceito do "ente enquanto ente" torna então possível a unidade da ciência das causas primeiras, a saber, da ciência que depois iria ser chamada "metafísica". Esse conceito indica não um ente particular, por exemplo o ente supremo, como acreditaram alguns intérpretes, nem uma simples característica comum a todos os entes, por exemplo a existência, como julgaram outros intérpretes, mas todos os entes, considerados, no entanto, não em suas características, das quais se ocupam as ciências particulares, e sim em tudo aquilo que é comum a tais entes e que simultaneamente os distingue, que é precisamente o ser, que é o aspecto comum a todos os entes, mas é também aquilo que os distingue um do outro, porque mesmo as diferenças são ser.

O ser, contudo, precisamente por exprimir também as diferenças, diz-se em muitos sentidos, dado que não indica um único gênero, mas uma pluralidade de gêneros de entes, cujos gêneros supremos, os mais universais, são as dez categorias. Isso igualmente poderia ser um obstáculo à possibilidade de uma única ciência das causas primeiras, mas o filósofo o supera observando que todos os sentidos em que se diz o ser, como o são as categorias, são mantidos juntos, formando assim uma unidade, graças ao fato de que todas as categorias contêm uma referência à primeira delas, ou seja, à substância. Portanto, estão todos

---

116 *Ibid.*, IV 1, 1003 *a* 20-32.

"em relação a um" (*pros hen*). Assim, por exemplo, todas as coisas que se dizem "saudáveis" (sãs) pertencem a gêneros diversos, o clima, a dieta, a tez, o corpo, mas todas essas notas se referem à saúde, ou porque a conservam, ou a produzem, ou são um sinal de pessoa saudável, ou recebem a saúde. Esse tipo de relação é uma forma de homonímia, porque se refere a entes que têm o mesmo nome, mas definições diferentes. Todavia, não se trata de uma homonímia completa ou casual, mas relativa. Dado que de todas as coisas sãs ou saudáveis há uma única ciência, a medicina, assim só pode haver uma única ciência de todos os entes. Mas como aquilo que confere unidade a todos os entes é a relação desses com a substância, aquele que busca as causas primeiras do ente enquanto ente, denominado agora por Aristóteles "o filósofo", deverá pesquisar as causas primeiras, quais sejam, os princípios da substância.[117]

Há, no entanto, como vimos nos *Analíticos Posteriores*, outros princípios, além das causas primeiras, que se incluem nos quatro gêneros que se distinguiram na *Física*. São estes os princípios lógicos comuns a todas as ciências, vale dizer: o princípio de não contradição e o princípio do terceiro excluído. A investigação sobre esses princípios, para estabelecer "se são verdadeiros ou não", não pode dizer respeito a nenhuma das ciências particulares, embora todas elas os utilizem, porque eles dizem respeito a todos os entes, ou seja, ao ser, mas caberá à ciência do ser.

---

117 *Ibid.*, IV 2, 1003 *a* 33-*b* 19.

Por conseguinte, essa ciência vai ser superior à física, porque a natureza (objeto da física) é somente um gênero do ser; portanto será uma ciência universal e, como tal, vai se ocupar também com a "substância primeira", expressão pela qual se deve entender uma substância superior às substâncias naturais, objeto da física. Essa ciência, portanto, terá direito a receber o nome de "sabedoria", ou saber supremo, porque "também a física é uma certa sabedoria, não, porém, a primeira".[118] Desse modo Aristóteles identifica a "sabedoria", definida no *Livro I* como a ciência das causas primeiras, com a ciência do ente enquanto ente, dizendo precisamente que ela é a "sabedoria primeira", expressão que mais tarde vai ser substituída por "filosofia primeira" e vai se tornar o nome propriamente aristotélico daquela que nós denominamos metafísica.

O princípio de não contradição, que se acha no *Livro IV* da *Metafísica*, é formulado por Aristóteles deste modo:

> *É impossível que a mesma coisa* [ou seja, o mesmo atributo] *pertença e não pertença à mesma coisa* [quer dizer, ao mesmo sujeito] *ao mesmo tempo e conforme a mesma coisa* [isto é, sob o mesmo aspecto].[119]

Como se vê, o que fica excluído por esse princípio como algo impossível, quer dizer, a contradição, não é

---

118 *Ibid.*, IV 3, 1005 *a* 18-*b* 2.
119 *Ibid.*, 1005 *b* 19-20.

que pertençam ao mesmo sujeito atributos diferentes, ou até opostos (o fato de não possuir um atributo, por exemplo "branco", equivale, com efeito, à posse do seu oposto, ou seja, "não branco"), mas sim a simultaneidade e a unicidade de aspecto dessa propriedade. Pois nada impede efetivamente que, por exemplo, Sócrates seja primeiro branco, pálido, e num segundo momento não branco, quem sabe por se ter bronzeado, ou que os etíopes, como diz Aristóteles em outra passagem, sejam negros sob o aspecto da pele e brancos quando se olha só para os dentes deles.[120]

Já vimos que a investigação sobre esse tipo de princípio cabe à filosofia, mas em que é que consiste essa investigação? Não certamente em demonstrar tais princípios, entendida a demonstração no sentido normal do termo, pois eles são a condição de todas as demonstrações. São, por conseguinte, indemonstráveis. Esta consiste em um tipo especial de demonstração que Aristóteles introduz a propósito do princípio de não contradição e que denomina "demonstração por refutação". Ela não é propriamente uma demonstração do princípio em pauta, mas um mostrar a impossibilidade de negá-lo. Para levar a cabo esse tipo de demonstração, faz-se então necessário que uma pessoa negue o princípio em causa, e nesse caso será possível refutar a sua negação, mostrando que ela incorre em um dos erros lógicos teorizados nos *Elencos Sofísticos*, como a "petição de princípio". Trata-se, portanto, de um procedimento dialético que nesse caso, contudo,

---

120 Aristot., *Soph. el.*, 5, 167 *a* 11-13.

obtém resultados absolutamente científicos. Basta efetivamente que a pessoa que nega o princípio de não contradição diga uma só palavra (que tem de dizer, de outra forma se assemelhará a uma planta, visto que não vai negar nada), e que dê a essa palavra um significado qualquer (que tem de dar, de outra maneira não se faria compreender por ninguém), mas eis que desse jeito ela terá excluído o significado oposto, coisa equivalente a afirmar o princípio de não contradição. E assim, pretendendo negar esse princípio, a pessoa terá assim pressuposto o mesmo, cometendo a petição de princípio.[121]

A esse tipo de defesa do princípio de não contradição Aristóteles consagra a maior parte do *Livro IV*, refutando passo a passo diversos tipos de negação desse princípio. Mais concisa, contudo, é a defesa do assim chamado princípio do terceiro excluído, que Aristóteles formula do seguinte modo: "Mas tampouco não pode haver coisa alguma de intermediário da contradição, e decerto é necessário ou afirmar ou negar uma coisa só de uma única coisa qualquer".[122] Por exemplo, é por isso que a respeito de Sócrates se pode dizer que é branco ou que não é branco, sem haver uma terceira possibilidade. Conforme alguns lógicos, esse princípio é um corolário do princípio de não contradição, ao passo que para outros ele é um princípio novo, independente. Observe-se como em Aristóteles não se acha presente o assim

---

121 Aristot., *Metaph.*, IV 4, 1006 *a* 11-28.
122 *Ibid.*, 7 1011 *b* 23-24.

chamado princípio de identidade: "A é A", ao passo que a identidade é uma noção que pode ter muitos significados (identidade numérica, específica, genérica ou analógica).

O livro seguinte, que é o *Livro V*, é um dicionário com uns cinquenta termos usados em filosofia, com muitos significados. Por isso, embora contenha várias importantes distinções, interrompe em certo sentido o fio do discurso, coisa que revela como, embora seja de Aristóteles e seja provavelmente um dos primeiros livros escritos por ele, foi introduzido no lugar em que se acha por editores posteriores. O fio do discurso vai ser retomado no *Livro VI*, no qual se repete ser necessário procurar as causas primeiras do ente enquanto ente e se diz precisamente que, como há também alguns entes eternos, por exemplo, os corpos celestes, os quais por sua eternidade são na opinião comum considerados divinos, será necessário investigar também quais as causas primeiras destes, as quais, enquanto causas deles, serão com mais razão ainda também divinas. A ciência que for capaz de descobrir esse tipo de causas será, por conseguinte, uma ciência "teológica", que lida com as coisas divinas, não no sentido de ela ter o divino como próprio "gênero sujeito", como objeto do qual se demonstrariam as propriedades, mas no sentido de ela chegar a admitir, entre as outras causas primeiras, a necessidade de substâncias divinas para explicar o ente enquanto ente. E dado que esse tipo de substâncias constituirá o primeiro gênero de entes, no sentido do mais alto dos gêneros, a ciência que chegar a abordá-los terá direito a ser chamada "filosofia primeira", e será universal precisamente nesse sentido, a saber, enquanto chega às causas primeiras, que são as causas de toda a realidade, como já se afirmou nos livros I e IV.[123]

No mesmo *Livro VI*, Aristóteles exclui do âmbito de investigação da ciência do ente enquanto ente o ente por acidente, pois ele não existe nem sempre nem na maioria dos casos. Dele, por conseguinte, não existe ciência, tal como também se exclui daí o ente dito com o significado de verdadeiro (presente quando, para dizer que um enunciado é verdadeiro, afirmamos simplesmente que ele "é"), porque esse tipo de ente existe só no pensamento.[124] Todavia, compete à filosofia primeira definir o que é verdadeiro, o que é a verdade, ou seja, dizer como estão as coisas, o que significa unir com uma afirmação signos de coisas que estão unidas ou dividir com uma negação signos de coisas que se acham divididas. E cabe a esta igualmente distinguir os dois tipos de verdade: a verdade do juízo, que une ou divide palavras indicadoras de coisas diferentes e, portanto, admite a possibilidade de erro; e a verdade do conceito, ou seja, da definição da essência de uma coisa, e esta não admite erro, mas só a possibilidade de chegar ou de não chegar a descobrir a essência, ou seja, tem como única alternativa a ignorância.[125]

---

123 *Ibid.*, VI, cap. 1.
124 *Ibid.*, cap. 2-4.
125 Sobre esta doutrina, Aristóteles discorre de novo em *Metaph.*, IX 10.

A busca das causas primeiras do ente enquanto ente começa no *Livro VII*, no qual Aristóteles relembra que o ser se diz em muitos sentidos, correspondentes às categorias, e conservados unidos pela comum relação à substância. Por esse motivo, a substância vem a ser o primeiro deles.

> *Na verdade* – escreve o filósofo – *aquilo que, tanto antigamente como agora, foi sempre procurado e sempre questionado, ou seja, "o que é o ente* (ti to on)*", pois bem, é "aquilo que é a substância"* (tis hê ousia).[126]

Com essas palavras, ele resume toda a precedente investigação sobre o ser (dos pré-socráticos e de Platão) e torna a propô-la como investigação acerca da substância e ao mesmo tempo a reformula como a pergunta sobre "o que é", isto é, pergunta pela essência. Por isso a resposta a tal questão terá de indicar a essência da substância, ou a substância que tem direito a ser considerada tal como essência, a qual na sequência do livro vai ser chamada, como iremos ver, "substância primeira". Tudo isso não tem muita coisa a ver com a ciência que no começo do século XVII receberá o nome de "ontologia" (Lorhard, Göckel, Clauberg), a qual se ocupará com o ser em geral, reduzindo a teologia, a cosmologia e a psicologia racionais a partes suas.

Como possíveis candidatos a serem a resposta à pergunta "quem é a substância?", Aristóteles examina

---

126 Aristot., *Metaph.*, VII 1, 1028 *b* 2-4.

em primeiro lugar o sujeito, ou o substrato (*hypokeimenon*), isto é, aquilo de que se predicam todas as outras coisas, ao passo que ele não se predica de nenhuma. Trata-se daquilo que nas *Categorias* fora designado como a "substância primeira". A ele Aristóteles reconhece o requisito substancial do não ser predicado de outro, mas destaca a ausência nele de um outro requisito indispensável: a determinação que, nas *Categorias*, também fora atribuída à substância primeira, dita por isso "um certo isto" (*tode tî*). A mera impredicabilidade, com efeito, pode ser possuída também pela matéria considerada isoladamente, matéria de *per se* indeterminada. O que confere determinação à matéria, fazendo dela "um isto", por exemplo, um homem, é a forma, da qual não se dizia nada nas *Categorias*. Portanto, no que diz respeito ao substrato, talvez um candidato melhor ao título de substância seja o conjunto formado por matéria e forma,[127] chamado também *synolon*, ou seja, "o conjunto inteiro".

Mas qual é a causa da substancialidade do *synolon*? A forma, ou a essência, expressa pela definição constituída por gênero e diferença específica, em que o princípio especificante vem a ser esta última. Por exemplo, no caso do ser humano, sua essência consiste em ser um "animal dotado de *logos*", no qual aquilo que o faz ser humano é precisamente o ser dotado de *logos*. Mas essa diferença específica é causada pela alma intelectiva e esta, por sua vez,

---

127 *Ibid.*, VII, cap. 3.

como já vimos no *De Anima*, é a forma do ser humano. A verdadeira resposta à pergunta "qual é a substância" é dada então pela forma: esta, por conseguinte, tem direito ao título de "substância primeira".[128] Segundo alguns comentadores, essa solução está em contraste com as *Categorias*, em que a substância primeira era a substância individual. Mas o contraste cessa de existir, porque a forma é, também ela, individual. A alma de Sócrates não é, com efeito, a alma de Corisco, mas dela é distinta numericamente (quer dizer, trata-se de duas almas), ainda que seja especificamente idêntica à alma de Corisco, visto que as duas são almas intelectivas, ou seja, almas de espécie humana, e nesse sentido a alma humana é universal. A causa primeira da substância é, por conseguinte, a forma, que Aristóteles chama também de "causa do ser", por exemplo, causa do ser homem. Não se trata, porém, de uma forma separada da matéria, como as Ideias de Platão, e sim da forma de uma substância material.[129]

Nos livros VIII e IX, que dão continuidade ao discurso do *Livro VII*, a matéria e a forma são identificadas respectivamente com a potência e o ato,[130] mas não com o ato enquanto movimento, que é o significado mais comum do termo "ato", e sim com o ato enquanto ser, ou seja, como plena posse, por uma substância, da sua forma.[131] Esse ato, explica

---

128 *Ibid.*, VII, cap. 6-10, em particular 11, 1037 *a* 4-6.
129 *Ibid.*, cap. 12-17.
130 *Ibid.*, VIII.
131 *Ibid.*, IX, cap. 6.

Aristóteles, é anterior à potência, não só na noção, como também no tempo, porque, por exemplo, o ser humano não pode chegar ao ser se antes não houver um pai que possua já em ato a forma humana, ou seja, a alma intelectiva. E que mediante a geração determine o surgir no filho de uma alma numericamente distinta, mas especificamente idêntica à sua.[132] Vêm a seguir dois livros, o X e o XI. O primeiro deles trata do uno e dos muitos (o múltiplo), entendidos não mais como princípios do ser, conforme aquilo que sustentavam Platão e outros acadêmicos, mas como predicados universais dos entes ou mesmo, no caso do uno, como unidades de medida, ao passo que o segundo é uma coletânea de resumos de livros precedentes da *Metafísica* e da *Física*, que nada acrescenta a tudo aquilo que já se disse e, por isso, muitos o consideram não autêntico.

O *Livro XII*, entretanto, é uma exposição de conjunto dos princípios da substância. Nesse livro, a propósito das substâncias sensíveis, isto é, móveis, retoma-se (ou talvez se antecipa, se o livro for cronologicamente anterior), tudo aquilo que se disse na Física e nos livros precedentes da *Metafísica*, afirmando precisamente que os princípios das substâncias sensíveis (matéria, forma e causa motriz) são os mesmos não em número, mas por analogia (significando isso que toda substância tem a sua matéria, a sua forma e a sua causa motriz),[133] ao

---
132 *Ibid.*, cap. 8 1049 *b* 17-1050 *a* 7.
133 *Ibid.*, XII, cap. 1-5.

passo que se levanta o problema da existência de um gênero de substâncias imóveis pelo fato de que entre as móveis existem algumas, como o são os corpos celestes, que segundo Aristóteles se movem eternamente e, portanto, exigem motores igualmente eternos. Todavia, motores eternos devem estar sempre em ato, devem então ser só ato, sem potência, portanto imóveis, suprassensíveis. A esse propósito, Aristóteles se reporta ao resultado que alcançou no final da *Física*, no qual havia demonstrado que o motor do céu, ou seja, a primeira causa motriz, deve ser imóvel.[134] Agora, porém, ele detalha com melhor precisão a natureza desse motor, observando que ele move conservando-se imóvel, porque move como aquilo que é amado, isto é, como o objeto da intelecção e do desejo move a alma humana.[135] Mas isso não quer dizer que o motor imóvel seja objeto de desejo por parte do céu e, portanto, a sua causa final, como a tradição do aristotelismo acreditou, porque o céu – como se depreende do *De Caelo* – tem por fim o seu próprio bem, e este consiste no girar eternamente sobre si mesmo.

O motor imóvel do céu, de acordo com o filósofo, é certamente um fim, mas apenas de si mesmo, porque o ato em que ele consiste deve ser a melhor atividade de todas que possam haver, e esse ato é o pensamento, e pensando-se a si mesmo ele experimenta o maior dos prazeres. Portanto ele é um ser vivo, eterno e feliz.

---

134 *Ibid.*, cap. 6.
135 *Ibid.*, 7, 1072 *a* 19-*b* 4.

Mas essa – como observa Aristóteles – é a definição que os gregos dão dos deuses, por isso o motor imóvel é um deus.[136] Como a *Metafísica* foi lida nos séculos em que o mundo antigo, por causa da difusão em seu seio das grandes religiões monoteístas (primeiro o judaísmo e o cristianismo, em seguida o islã), estava dominado pelo interesse acerca da problemática religiosa, todos os comentadores antigos e medievais viram nessa doutrina uma teologia racional, tendo "Deus" por objeto, e interpretaram o *Livro XII* como a realização da "ciência teológica" anunciada no *Livro VI*. Realmente no *Livro XII* a filosofia primeira passa a ser, com certeza, "teológica", mas essa é somente uma faceta dessa ciência, porque o motor imóvel, ou melhor dizendo, os motores imóveis (que para o filósofo são tantos quantas são as esferas celestes concêntricas, necessárias para explicar os movimentos dos planetas de acordo com as teorias astronômicas de Eudóxio e Calipo)[137] são apenas a primeira causa motriz das substâncias, que se põe junto à primeira causa material (os elementos) e junto à primeira causa formal (as formas das substâncias sensíveis), as quais são todas eternas e não dependem, para a sua existência, dos motores imóveis.

No *Livro XII* também se acha a indicação da primeira causa final do universo. Esta não é o bem supremo, constituído pelo primeiro motor imóvel

---
136 *Ibid.*, 1072 *b* 13-30. A doutrina de acordo com a qual o motor imóvel se pensa a si mesmo se acha no cap. 9.
137 *Ibid.*, cap. 8.

(o motor da esfera extrema), e sim um bem, por assim dizer, subordinado, assim como a ordem do exército se acha subordinada ao general, enquanto dele depende como da sua causa eficiente. Toda espécie de ente tende com efeito a um fim seu, que lhe é próprio, que é o seu lugar natural ou a reprodução ou o movimento eterno, mas todos esses fins estão coordenados conjuntamente em relação a algo que é único, isto é, uma ordem comum, com base na qual, por exemplo, todas as realidades terrestres devem dissolver-se para darem lugar a outras. A causa primeira, não final e sim eficiente, dessa ordem é o primeiro motor imóvel. E este, nessa perspectiva, é o que rege o mundo inteiro segundo a regra expressa na Ilíada, segundo a qual "não é bom o governo de muitos, um só (então) seja o comandante".[138]

Mas a *Metafísica* não se encerra com o *Livro XII*, embora alguns comentadores medievais tenham interrompido o comentário deles no final desse livro, considerando-o evidentemente a conclusão de toda a *Metafísica*. Nos dois últimos livros, XIII e XIV, de fato, o filósofo discute as doutrinas de Platão e dos outros acadêmicos (Espeusipo e Xenócrates) sobre os entes imóveis (Ideias, números ideais e objetos matemáticos) e sobre os seus princípios (o Uno e o grande-pequeno, o Uno e a Díade indefinida, o Uno e o Múltiplo), sustentando que esses entes não são substâncias, pois de fato não passam de atributos das substâncias sensíveis, e que os princípios deles incorrem em várias

---
138 *Ibid.*, cap. 10. O mote conclusivo é o verso da *Ilíada*, II, 204.

dificuldades (ausência de um substrato, impossibilidade de todas as coisas terem princípios numericamente idênticos etc.). Finalmente frisa Aristóteles que o primeiro princípio, eterno e autossuficiente, isto é, o primeiro motor imóvel, é o sumo bem, não por outros motivos (por exemplo, por ser fim de outro), mas justamente em virtude da sua autossuficiência e do próprio "bem-estar" (*sôtêria*), em outras palavras, porque "está bem" (*eu echei*).[139]

7. Obras de ética e de política

De Aristóteles chegaram até nós três obras de ética, *Etica Nicomachea*, *Etica Eudemia* e *Magna Moralia* (ou *Grande Ética*, assim chamada não por ser mais longa, mas talvez por ter sido escrita em rolos maiores), as duas primeiras, hoje consideradas autênticas por todos, enquanto é objeto de controvérsia a autenticidade da terceira. A *Etica Nicomachea* e a *Etica Eudemia*, que têm três livros em comum, provavelmente correspondem a cursos diferentes sobre o mesmo tema, cuja cronologia é difícil estabelecer. Embora a palavra "ética" tenha sua origem nessas obras e indique a ciência do *êthos* (caráter moral ou também costume, hábito; em latim: *mos, moris*, daí o português "moral"), o filósofo não a utiliza, denominando a disciplina que nelas é exposta "filosofia prática", para se referir a uma filosofia cujo objeto é a "ação" (*praxis*), expressão que vai ter uma sorte imensa, mas que é por ele usada uma só

---

139 Aristot., *Metaph.*, XIV 4, 1091 *b* 16-19.

vez,[140] ou "ciência política", por se referir ao bem da *polis* que, a seu ver, compreende igualmente o bem do indivíduo. Vamos aqui nos basear principalmente na *Etica Nicomachea*, assim chamada por estar dedicada ao filho Nicômaco ou editada por ele (ao passo que a *Etica Eudemia* foi editada pelo discípulo Eudemo de Rodes), e esta, no final, introduz diretamente à *Política*, obra com a qual forma a exposição de conjunto da ciência política.[141]

Toda ação humana, de acordo com o filósofo, tende a um fim ou a um meio em vista de um fim. O fim é sempre um bem, aparente ou real, e os meios necessários para o alcançar são bens, também eles, mas subordinados ao bem que é fim. O fim último, ao qual tendem todas as ações humanas, direta ou indiretamente, ou seja, pelos meios, é o "bem supremo" ou o "ótimo" (*ariston*). Quanto ao bem supremo do indivíduo, este é, como dissemos, parte do bem da *polis*, da cidade (vamos ver a seguir o que significa esse termo). A *Etica Nicomachea* expõe a procura do bem supremo do indivíduo, primeira parte da filosofia prática, a qual é, certamente, uma ciência, ou seja, um discurso feito de argumentações, mas a natureza do seu objeto, que se caracteriza por diferenças e oscilações, vai fazer com que as suas demonstrações não tenham sempre valor. Ao contrário, "em geral" vão admitir exceções. Nessas circunstâncias, a filosofia prática é um saber

---
140 Aristot., *Metaph.*, II 1, 993 *b* 20-21.
141 A obra transmitida no *Corpus Aristotelicum*, levando o título *Economico*, que deveria fazer parte da filosofia prática, não é autêntica.

mais elástico, mais flexível, mais dúctil, menos rigoroso do que a filosofia teórica.[142] A seguir, Aristóteles vai afirmar que uma demonstração "suficiente" nesse campo consiste no identificar quais são os "pareceres" (*phainomena*) capazes de resistir às objeções e compatíveis com todos ou com a maior parte dos *endoxa*, isto é, com as opiniões compartilhadas por todos ou pela maioria, ou ainda pelos peritos.[143] Trata-se, por conseguinte, de um método dialético.

O sumo bem do ser humano é por todos identificado com a felicidade. Esta, porém, pode ser entendida de muitos modos diferentes (uma vida entregue ao prazer, à busca da riqueza, do poder, da glória etc.), entre os quais a ciência política deve determinar aquele que é o correto, aquele que torna verdadeiramente felizes os seres humanos. A ética aristotélica é, por conseguinte, uma ética da felicidade, não da lei (para os gregos não existe uma lei divina), porque apenas o desejo da felicidade pode motivar as escolhas práticas, ou morais, mesmo que estas possam ser difíceis. Desse modo, o sumo bem do ser humano, no qual consiste a felicidade, não pode ser, conforme Aristóteles, um bem transcendente, como a Ideia do bem de Platão (que nessa perspectiva ele critica, embora se declarando seu amigo), mas deve ser um bem que o ser humano possa praticar, realizável por meio das ações.[144]

---

142 Aristot., *Eth. Nic.*, I, cap. 1.
143 *Ibid.*, VII 1, 1245 *b* 3-7.
144 *Ibid.*, I, cap. 4-5.

Uma primeira determinação da felicidade é indicada pelo filósofo no bom desempenho, por parte de cada tipo de ser humano, da função (*ergon*) que lhe é própria. Por exemplo: quando se trata de um flautista, é tocar bem a flauta; no caso de um escultor, esculpir bem as estátuas – também nos dias de hoje, com efeito, dizemos que uma bela execução de uma peça musical é um desempenho "feliz". Portanto, para o ser humano, de modo geral, a felicidade consistirá no bom desempenho da função própria do ser humano. Como, todavia, o ser humano possui diversas faculdades, algumas racionais e outras não, é necessário ver no exercício de quais dentre essas consiste a função do ser humano. A felicidade consistirá, desse modo, no bem desempenhar a função melhor dentre todas, por uma vida inteira.[145] Todavia a felicidade necessita, além disso, de alguns bens exteriores, que têm a função de meios, como a disponibilidade das riquezas necessárias para a sobrevivência, a origem de uma boa família, uma aparência agradável, bons amigos, a contribuição de um bom poder político, bons filhos, e também uma certa dose de sorte.[146]

O saber fazer bem uma coisa, o saber agir bem é, de acordo com Aristóteles, uma "virtude" (*aretê*, termo que significa excelência, perfeição), e por isso a felicidade há de ser uma virtude. Mas importa

---
145 *Ibid.*, I, cap. 6.
146 *Ibid.*, I, cap. 9-12.

questionar: qual virtude? No tocante a essa matéria, Aristóteles recorre à distinção entre as faculdades da alma, que desenvolveu em sua psicologia, observando que no ser humano, além das faculdades vegetativas, que nada têm a ver com a razão, há faculdades sensitivas, como o desejo (princípio do movimento), que participam da razão enquanto podem lhe obedecer, e faculdades intelectivas, que constituem a própria razão. Portanto, haverá virtudes, ou seja, comportamentos bons, da parte da alma que pode obedecer à razão, que agora ele chama de "caráter" (*êthos*). E essas virtudes são, por conseguinte, virtudes "éticas", e virtudes da própria razão, que agora ele denomina *dianoia*, cujas virtudes são, assim, virtudes "dianoéticas".[147]

Os livros II a V da *Etica Nicomachea* são consagrados à ilustração das virtudes éticas. Nestes, o filósofo antes de mais nada esclarece que a virtude é um "hábito" (*hexis*), uma disposição permanente que, quando se trata das virtudes éticas, adquire-se com o costume (*ethos*, com *e* breve), que se adquire repetindo muitas vezes os mesmos atos, as mesmas ações, enquanto no caso das virtudes dianoéticas isto se dá por meio do ensino.[148] Sendo assim, tomando por modelo a medicina, ele observa que as doenças são causadas ou pelo excesso ou pela falta de algo: por exemplo, pelo excesso ou pela falta de comida e bebida, ao passo que a saúde é produto da moderação.

---
147 *Ibid.*, I, cap. 13.
148 *Ibid.*, II, cap. 1.

De modo análogo, as virtudes, como a coragem ou a temperança, são produzidas por uma via média (*mesotés*) entre dois vícios opostos. No caso da coragem, por exemplo, esses vícios são a covardia (falta) ou a temeridade (excesso). Já no caso da temperança (ou moderação), são o abuso dos prazeres (excesso) e a insensibilidades diante dos prazeres (falta).[149] Naturalmente, a via média não deve ser entendida no sentido matemático, mas há de variar conforme o tipo de pessoa a quem se referir a boa dieta. Com efeito, essa dieta vai ser diferente para um atleta famoso como Milon e para um simples principiante na prática atlética.[150]

Entre as virtudes éticas, Aristóteles consagra especial atenção à justiça, concebida não como valor transcendente (*dikê*), mas sim precisamente como uma virtude humana (*dikaiosyne*), capacidade de agir de maneira correta. A esse respeito ele distingue a justiça compreendida no sentido mais amplo de síntese de todas as virtudes – de que já tratara Platão na *República* – e a justiça como virtude particular, definindo então esta última como uma via média, precisamente como uma forma de igualdade, intermediando duas opostas desigualdades. A igualdade, no entanto, pode existir entre desiguais. Nesse caso, vai consistir em uma igualdade de relações, ou seja, em uma certa proporção (em grego: *analogia*). Por exemplo, ao se tratar de distribuir honrarias

---
149 *Ibid.*, II, cap. 2.
150 *Ibid.*, II, cap. 5.

entre seres humanos com méritos desiguais, a igualdade vai consistir no ato de dar a cada um segundo os seus méritos (justiça distributiva), enquanto, ao se tratar de reparar ofensas, a igualdade vai consistir no ato de ressarcir a parte lesada em medida igual ao dano sofrido (justiça corretiva).[151] Aristóteles, em seguida, vai distinguir entre justiça natural, expressa por leis que são válidas em todo o mundo e justiça legal, que se exprime por leis convencionais, ainda que admita em ambas uma possibilidade de mudança.[152] Enfim, o filósofo sublinha a necessidade de corrigir a justiça legal por meio da "equidade", quando a universalidade da lei não conseguir levar em conta a particularidade dos casos a que se aplica.[153]

Às virtudes dianoéticas, que são as virtudes da razão, é dedicado o *Livro VI* da *Etica Nicomachea*. Neste, Aristóteles distingue duas dimensões da razão, aquela que tem como fim o puro conhecimento, denominada também "científica" ou "teórica", e aquela que tem como encargo guiar a práxis, denominada também "calculadora" ou "prática". Cada uma dessas partes ou dimensões possui "hábitos", disposições permanentes. Os hábitos da razão científica são: 1) a "ciência" (*epistêmê*) propriamente dita, que é hábito demonstrativo,[154] quer dizer, a capacidade de fazer demonstrações partindo de princípios, assim como ficou explicado nos

---

151 *Ibid.*, V, cap. 1-9.
152 *Ibid.*, V, cap. 10.
153 *Ibid.*, V, cap. 14.
154 *Ibid.*, VI, cap. 3.

Analíticos Posteriores; 2) o "intelecto" (*nous*), que é o hábito dos princípios,[155] o que significa a posse do conhecimento dos princípios, coisa que também foi ilustrada nos *Analíticos Posteriores*; 3) a "sabedoria" (*sophia*), que é o conjunto formado pelo intelecto e pela ciência,[156] ou seja, o conhecimento dos princípios e a capacidade de usá-los nas demonstrações. A virtude, noutras palavras, a excelência, a perfeição dessa parte da razão é precisamente a sabedoria, e esta vai coincidir com a forma suprema de saber, exposta na *Metafísica*.

Quanto aos hábitos da razão calculadora, são estes: 1) a "arte" (*technê*), que é "hábito produtivo unido a uma razão reta",[157] capacidade de produzir um objeto, ou um efeito, diferente da ação com a qual é produzido (coisa que Aristóteles denomina *poiêsis*), calculando mediante a razão o jeito melhor para fazê-lo, como por exemplo a arquitetura; 2) a "sabedoria" ou "prudência" (*phronêsis*), que é um "hábito prático unido à razão verdadeira",[158] capacidade de efetuar ações (*praxis*, uma ação que tem seu fim em si mesma, que não é produção de objetos), deliberando com a razão de maneira correta sobre aquilo que é um bem para o indivíduo, para a família ou para a cidade. A virtude, a excelência, dessa dimensão da razão é a sabedoria, pois a ação, enquanto termina em si mesma, é superior à produção. Nessa perspectiva,

---

155 *Ibid.*, VI, cap. 6.
156 *Ibid.*, VI, cap. 7.
157 *Ibid.*, VI, cap. 4.
158 *Ibid.*, VI, cap. 5.

as virtudes dianoéticas, de acordo com o filósofo, são duas, a saber, a sapiência e a sabedoria. E estas – diversamente da perspectiva de Platão – são entre si distintas, porque o sábio, isto é, aquele que sabe efetuar o bem de si mesmo, o bem da própria família ou da própria cidade, como por exemplo Péricles, não é necessário, nesse caso, que ele seja "sapiente", ou filósofo. No entanto, a sabedoria se acha subordinada à sapiência, pois comanda quais ações se devem realizar e quais evitar com o intuito de alcançar a sapiência. Sendo assim, ela diz respeito aos meios necessários para se alcançar o bem, que é o fim. Entre as duas virtudes dianoéticas existe a mesma relação que vigora entre a medicina, meio, e a saúde, fim. Por conseguinte, a virtude suprema do ser humano é a sapiência e, nesses termos, é nisso que consiste a felicidade.[159]

A sabedoria, no entanto, não basta para garantir por si só a felicidade – como o há de ser ao contrário para os estoicos – porque, além dos bens exteriores de que já falamos, a felicidade, segundo Aristóteles, abrange também o prazer, não no sentido de consistir no prazer – como afirmará Epicuro – mas sim no sentido de que não pode haver felicidade sem prazer, pois o prazer é aquilo que se experimenta quando se efetua uma ação, fim em si mesma,[160] ou melhor dizendo, ele é aquilo que dá perfeição à atividade como um fim acrescentado, tal como acontece, por

---
159 *Ibid.*, VI, cap. 13.
160 *Ibid.*, VII, cap. 14-15.

exemplo, o esplendor na juventude.[161] Além disso, para alcançar a felicidade é necessário que haja uma outra virtude, a amizade. À virtude da amizade, Aristóteles dedica o tratado mais amplo de suas obras de ética (dois livros, o VIII e o IX, da *Etica Nicomachea*, e um livro, o VII, da *Etica Eudemia*), talvez a mais ampla abordagem em toda a Antiguidade. Não podendo expor na íntegra a concepção aristotélica da amizade, seja o bastante recordar aqui uma passagem famosa:

> *Aquilo em que para cada um consiste o ser e em vista do qual todo o mundo deseja viver, é aquilo em que cada um quer passar o tempo com os amigos; por isso alguns se reúnem para beber juntos, outros jogam dados juntos, outros fazem ginástica em grupo ou saem à caça juntos ou se reúnem para filosofarem em comum* (sumphilosophousin).[162]

Se a felicidade consiste, como logo em seguida iremos ver, no filosofar, a felicidade máxima consiste em filosofar na companhia dos amigos, com aqueles que se amam, como acontecia com Aristóteles na Academia e no Liceu.

O *Livro X*, que é o último, da *Etica Nicomachea*, retoma a definição da felicidade apresentada no *Livro I*, qual seja, atividade conforme a virtude, e como as virtudes são muitas, de acordo com a mais alta. Esta, como já vimos, é a sabedoria, portanto a felicidade consiste no exercício da sabedoria. Agora Aristóteles

---

161 *Ibid.*, X 4, 1174 *b* 32-34.
162 *Ibid.*, IX, 12, 1172 *a* 5.

descreve essa atividade com o termo *theôria*, que em geral se traduz como "contemplação". Na realidade, porém, não se trata de contemplação, mera visão estática, mas sim de estudo, investigação, precisamente investigação das causas primeiras. Essa atividade, que é amada por si mesma, para ser autêntica felicidade terá de se estender pela vida inteira. Por conseguinte, a felicidade não consiste na vida meramente contemplativa, conceito de origem cristã, e sim na vida "teórica", dedicada à pesquisa, ao estudo, vida essa que Aristóteles procurou realizar tanto na Academia como no Liceu. Enquanto vista como fim em si mesma, tal atividade se assemelha àquela que se pressupõe praticada pelos deuses, por isso o sábio – conforme o filósofo – é aquele que procura "tornar-se imortal" na medida do possível, isto é, assemelhar-se aos deuses, e por isso ele vem a se tornar "o ser humano mais amado pelos deuses (*theophilestatos*)".[163]

Só que os deuses, para serem felizes, não têm necessidade de coisa alguma, enquanto o sábio, para ser feliz, para que possa dedicar a sua vida inteira à pesquisa, necessita de muitas coisas, carece dos bens exteriores e de todas as outras virtudes. Pois bem, ainda segundo Aristóteles, uma pessoa não pode conseguir tudo isso sozinha, mas tudo isso só se pode alcançar mediante uma boa organização da vida e em particular com uma boa educação pública, porque as virtudes se aprendem por meio da educação, e esta não pode ser assegurada a não ser pelas leis. Eis então

---

[163] *Ibid.*, X, cap. 7-9.

que a filosofia prática, ou ciência política, agora denominada "filosofia relativa às coisas humanas" (*peri ta anthrôpina philosophia*), não pode ter como ponto final a ética, mas deve continuar, para ser completa, com a busca da melhor constituição política, a qual vai ser exposta na *Política*.[164]

Tendo em vista que a constituição (*politeia*) é o modo como se acha organizado o governo da cidade, a *Política* se abre com a definição da cidade. Traduzo com esse termo o grego *polis* (daí a nossa palavra "política", as coisas referentes à *polis*), em vez de usar "Estado", como inúmeras vezes se usa. Isso porque o Estado é uma coisa diferente, que nasceu na era moderna, quando – para falar como Max Weber – o uso legítimo da força foi transferido da totalidade da sociedade política, isto é, do povo, para uma parte dela, que recebe precisamente o nome de Estado, e todos os cidadãos ficaram "privados" desse uso. A cidade é, para Aristóteles, a sociedade tão grande quanto lhe for necessário para ser autossuficiente (*autarkes*), não em vista do simples viver, coisa para a qual bastam a família e a aldeia (conjunto formado por várias famílias), mas tendo em vista o "viver bem", ou seja, visando à felicidade.[165] Como a família, que se fundamenta na união natural do homem e da mulher em vista da procriação (como também na união entre o senhor e o escravo tendo em vista a sobrevivência), assim a cidade é, para o

---

164 *Ibid.*, X, cap. 10.
165 Aristot., *Pol.*, I, cap. 1.

filósofo, uma sociedade "natural", não só porque o ser humano não é autossuficiente, mas também por ter necessidade dos outros para viver, e porque só na cidade se pode realizar completamente o fim do ser humano, qual seja, viver bem. Por isso Aristóteles define o ser humano como "animal político por natureza", feito para viver na *polis*, e isso é sinalizado pelo fato de que todos os seres humanos possuem a palavra (*logos*), e isso permite discutir o que é útil e prejudicial, o justo e o injusto.[166]

Na Grécia Antiga, como em todas as sociedades pré-industriais, havia escravidão, instituição que se deveria, diria Karl Marx, ao modo pré-capitalista de produção (não se deve esquecer que nos Estados Unidos ela só foi abolida depois de uma guerra civil, decorridos dezenove séculos de cristianismo). Aristóteles é o primeiro filósofo antigo que problematiza a escravidão, porque por um lado ele reconhece que é uma necessidade – "se os teares tecessem sozinhos", escreve ele, "os arquitetos não precisariam de operários, nem os patrões de escravos",[167] – mas por outro lado, ela vai contra a sua concepção, pois ele julga que todos os seres humanos são animais políticos, portanto, capazes de se governarem por si mesmos. Sendo assim, ele excogita, no *Livro I* da *Política*, uma justificação da escravidão de tipo ideológico (quer dizer, visando justificar aquela que então existia), afirmando que

---
166 *Ibid.*, I, cap. 2
167 *Ibid.*, I 4, 1253 *b* 33-1254 *a* 1.

alguns seres humanos possuem uma razão capaz, não de deliberar, mas apenas de obedecer. Por conseguinte, para a sua própria sobrevivência eles estão interessados em serem propriedade de outros, ou seja, escravos. Mas, ainda segundo o filósofo, nem todos aqueles que são escravos de fato, geralmente os prisioneiros de guerra, possuem tal característica – a de não saberem governar-se –, da mesma forma que nem todos aqueles que são livres de fato sabem fazê-lo. Portanto a família é constituída pela união entre marido e mulher, genitores e filhos (*liberi*, em latim), senhor e escravos (*famuli*, em latim; "fâmulos" em português).[168]

À esfera da família, de acordo com Aristóteles, pertence ainda a atividade econômica ou "economia" (de *oikia*, casa), a qual consiste na arte de governar a casa, buscando igualmente os meios materiais necessários para sobreviver. A arte de buscar as riquezas para si recebe em Aristóteles o nome de "crematística" (de *chrêmata*, riquezas), e se distingue em: crematística natural, portanto justa, quando busca as riquezas necessárias para a família e, nesse caso, faz parte da economia; e crematística "contra a natureza", imoral, quando acumula riquezas ao infinito, além da medida do necessário, e então não faz parte da economia, tendo em vista que as necessidades dos seres humanos são em medida finita.[169] Não obstante a condenação, o filósofo descreve agudamente a crematística não natural, explicando

---
168 *Ibid.*, I, cap. 3-7.
169 *Ibid.*, I, cap. 8-11.

que esta tem sua origem no uso que alguns fazem do dinheiro, não para a aquisição de mercadorias, como seria o fim natural do dinheiro, mas para arranjarem mais dinheiro para si, como acontece quando se empresta dinheiro a juros, coisa que será depois chamada "usura".[170]

No *Livro II* da *Política*, Aristóteles critica a doutrina da família comum e da propriedade comum, sugerida por Platão na *República*. E observa que ela transforma a cidade em uma única grande família, ao passo que ambas são sociedades diferentes, porque a família é uma sociedade de desiguais, enquanto a cidade é feita de iguais.

Além disso, pôr em comum todas as propriedades, na opinião de Aristóteles, induz os seres humanos a não terem nenhum cuidado pelos bens comuns, pois cada um pensa que isso é tarefa dos outros.[171] Numa palavra, a família não deve ser abolida, como não se deve também abolir a propriedade do bem que deve pertencer à família.

No *Livro III*, quando passa a discorrer sobre a constituição, o filósofo retoma a distinção clássica, que remonta a Heródoto e já fora retomada por Platão, das constituições em três tipos, conforme o governo estiver nas mãos de um só, nas mãos de poucos ou nas mãos de muitos. Ele distingue para cada um desses tipos uma forma boa, quando o governo é exercido no interesse de todos, e um

---

170 *Ibid.*, I, cap. 10.
171 *Ibid.*, I 3, 1261 *b* 32-40.

"desvio", quando o governo se exerce no interesse de quem governa. Configuram-se assim, respectivamente, o reinado, a aristocracia e a *politìa* (que é o mesmo termo *politeia*, usado para indicar a constituição em geral, evidentemente pela falta de outros termos) como constituições boas, e a tirania, a oligarquia e a democracia como constituições desviadas.[172] Em linha meramente teórica, conforme Aristóteles, a melhor constituição de todas seria a monarquia, porque, se houvesse um homem superior a todos os cidadãos em sabedoria e virtudes, a tal ponto que pudesse ser considerado um deus entre os humanos, a melhor coisa seria entregar-lhe todo o governo da cidade.[173] Evidentemente, porém, trata-se de uma possibilidade bastante remota, como o demonstra a comparação.

Na prática, de acordo com o filósofo, o governo de muitos é melhor que o de poucos, porque é mais difícil errar em muitos do que em poucos, porque os melhores juízes de um produto são aqueles que o utilizam (tal como o melhor juiz de um banquete não é o cozinheiro, e sim o comensal, a mesma coisa vale também para o governo), e por ser mais difícil corromper muitos do que poucos.[174] No entanto, a democracia excessiva (por exemplo, aquela em que todos os cargos são sorteados, a fim de que todos sejam tratados do mesmo modo) é perigosa. Por esse

---

172 *Ibid.*, III, cap. 6.
173 *Ibid.*, III 13, 1284 *a* 3-11.
174 *Ibid.*, III, cap. 11 e 15.

motivo, na prática, tendo em vista que realmente todas as constituições existentes sofrem desvios, a melhor constituição concretamente realizável será uma mistura de democracia (para Aristóteles, o governo dos pobres) e oligarquia (o governo dos ricos). Em síntese, obtém-se então uma espécie de democracia moderada, que Aristóteles denomina também "constituição média", pois nesta o governo está nas mãos da classe média, daqueles que não são nem muito ricos nem muito pobres.[175] O critério do "meio-termo", já aplicado na ética, revela-se assim válido também na política.

Nos livros centrais da *Política* (V e VI), Aristóteles examina cuidadosamente todas as modalidades de constituição existentes (as mais diversas formas de oligarquia e de democracia), valendo-se também da coletânea de 158 constituições das diversas cidades gregas que ele mesmo organizara na sua escola (da qual chegou até nós somente a *Constituição dos Atenienses)*, analisando as razões pelas quais as cidades passam de uma para a outra (em geral, da oligarquia para a democracia ou vice-versa), elaborando assim uma espécie de teoria das revoluções. Essa sua atenção à realidade dos fatos, que pode ser considerada uma expressão de "realismo político", granjeou para ele, na idade moderna, a admiração de Nicolau Maquiavel. No livro *O Príncipe*, Maquiavel fez uma obra análoga, tendo como referência não mais a cidade, mas o "principado", embrião do

---

175 *Ibid.*, IV, cap. 8-11.

Estado moderno. Com isso, no entanto, Aristóteles não renuncia a esboçar, nos livros VII e VIII da *Política*, a configuração que ele considera a melhor constituição de todas as possíveis, coisa difícil de se realizar, mas útil como um modelo ao qual se há de tender.

Como a cidade – argumenta Aristóteles – é uma sociedade de seres humanos livres e iguais (os chefes de família, os únicos que gozam da plenitude dos direitos políticos), devem todos tanto governar como ser governados. Esse resultado se obtém por meio da "alternância" do poder. Isso vai permitir que todos sejam primeiramente governados (quando jovens), a seguir, governar (quando forem homens maduros) e, por fim, sejam novamente governados (na velhice). Nessa perspectiva, evidentemente o governar é compreendido como um "serviço" que os governantes prestam para o bem dos governados. O ato de governar, com efeito, se inclui entre as atividades realizadas em vista de outra coisa, tal como acontece no trabalho, efetuado em vista do ócio (*scholê*), ou a guerra (de defesa, não de agressão), que se trava, quando necessária, visando à paz.[176] Por isso, a felicidade, que a constituição deve garantir para todos, consiste no exercício das atividades que são fins em si mesmas (artes, ciências, filosofia), a que os cidadãos podem se dedicar depois de terem prestado o seu serviço à cidade, e que são possibilitadas pelo fato de que o governo cria as condições para tanto.

---

176 *Ibid.*, VII, cap. 3, 9 e 14.

Mas a condição fundamental para exercer essas atividades e, por via de consequência, alcançar a felicidade, segundo o filósofo, é a educação (*paideia*). Sendo assim, a cidade tem como sua meta fundamental o dever de oferecer a todos os jovens a mesma educação.[177] E esta consistirá na educação do corpo mediante a ginástica e na educação da alma mediante as artes, a poesia e, sobretudo, a música. A música, com efeito, assim acredita Aristóteles, tem o poder de "purificar" as paixões a que os jovens estão sujeitos, como a compaixão, o medo e todas as outras emoções, fazendo experimentar prazer.[178] Com essas palavras sobre a música e sobre a "purificação" (*katharsis*) das paixões que ela produz, tema que há de ser retomado na *Poética*, termina a *Política* de Aristóteles.

8. *Retórica e Poética*

O *Corpus Aristotelicum* se encerra com três obras: *Retorica*, *Rhetorica ad Alexandrum* e *Poetica*, mas dessas obras só a primeira e a terceira são autênticas. Elas têm como objeto duas "artes" (*technaî*), a arte de fazer discursos persuasivos e a arte de fazer poesia, não no sentido de serem manuais para as praticar, mas no de serem uma reflexão científica sobre elas. Provavelmente, segundo a intenção dos editores do *Corpus*, após as obras de filosofia teórica (física e metafísica) e de filosofia prática (ética e

---

177 *Ibid.*, VIII 1.
178 *Ibid.*, VIII 7, 1342 *a* 7-15.

política), nada mais justo que colocar as obras referentes às ciências poéticas, ou produtivas, como as artes. A retórica é justamente a arte de encontrar argumentos capazes de persuadir um auditório em silêncio e, mesmo assim, capaz de julgar. Essa arte – diz Aristóteles – é "especular" ou "simétrica" (*antistrophos*, literalmente "o inverso", "o avesso") à dialética, porque, como a dialética, se aplica a qualquer tema e ensina a argumentar em direções contrárias, ou seja, tanto a favor como contra uma certa tese. Mas, diversamente do que acontece com a dialética, não lida com um interlocutor que fala, portanto não se serve de perguntas e respostas.[179]

Os meios de persuasão (*pisteis*), continua Aristóteles, podem não ter nada a ver com a arte retórica, como os testemunhos, as confissões, os documentos, ou podem ser incluídos na arte retórica, isto é, visam persuadir por meio do discurso. Nesse caso, vão ser de três tipos: 1) aqueles que dependem do caráter (*êthos*) do orador, e este deve ser digno de fé; 2) aqueles que dependem das disposições dos ouvintes, dos sentimentos ou das paixões (*pathos*) destes; e, enfim, 3) aqueles que persuadem por meio do próprio discurso (*logos*). Por isso a retórica vem a ser um ramo quer da dialética (que diz respeito aos discursos) quer da ciência política (que diz respeito ao caráter e às paixões). Os discursos de que lança mão a retórica são análogos àqueles utilizados pela dialética, como por exemplo a indução e a dedução ou silogismo: o

---

[179] Aristot., *Rhet.*, I, cap. 1.

exemplo é a indução retórica, o "entimema" é o silogismo retórico. Com este último termo (*enthymema*, talvez ligado ao termo *thymos*, a parte impetuosa da alma), Aristóteles indica um silogismo que parte de premissas sempre válidas, ou válidas "em geral".

As premissas válidas "em geral", ou seja, na maior parte dos casos, são chamadas por Aristóteles "verossímeis" (*eikota*), termo que se deve entender não como algo que é apenas semelhante à verdade, sem que seja verdadeiro, mas como aquilo que se aproxima ao sempre verdadeiro por ser verdadeiro quase sempre, exatamente como as premissas endoxais (*endoxa*) dos silogismos dialéticos. As premissas válidas sempre, portanto dotadas de universalidade e necessidade, são denominadas por Aristóteles "sinais" (*sêmeia*), mas nem todos os sinais possuem caráter universal. Os sinais universais têm igualmente um caráter de necessidade. Por exemplo, o fato de que certa mulher tenha leite é sinal, necessário, de ela ter dado à luz (nesse caso, o sinal é também chamado de "prova"), enquanto os particulares não têm essa característica. Por exemplo, o fato de Sócrates, sendo sábio, ser também justo, pode ser sinal, mas não necessário, de que os sábios são justos. Além dos sinais, a retórica igualmente recorre, como a dialética, a "lugares" (*topoi*), ou seja, esquemas de raciocínio (por exemplo, o lugar do mais e do menos).[180]

Os discursos retóricos, de acordo com o filósofo, podem pertencer a três gêneros: 1) gênero

---

180 *Ibid.*, I, cap. 2.

deliberativo – quando usados em uma assembleia política, que deve deliberar sobre aquilo que se deve fazer, isto é, sobre o futuro; 2) gênero epidítico – quando usados para enaltecer ou censurar um personagem conhecido do público e, por conseguinte, referem-se ao presente; 3) gênero judiciário – quando usados no tribunal para sustentar a defesa ou a acusação de um suspeito de crime, caso no qual se referem ao passado. O restante do *Livro I* da *Retórica* é dedicado ao exame de cada um desses três gêneros de discurso. Por sua vez, o *Livro II* é dedicado à análise das paixões, porque o orador, hábil na arte retórica, deve conhecer as paixões dos seus ouvintes e levá-las em conta nos seus discursos, no intuito de ser mais persuasivo.

> *Com efeito – escreve o filósofo – as coisas não parecem as mesmas a quem ama e a quem odeia, nem a quem está irado e a quem se acha sereno, mas se mostram completamente diferentes ou em parte diferentes. Quando alguém ama, parece-lhe que aquele a quem deve julgar ou não cometeu injustiça ou que a sua culpa é pequena, mas se alguém odeia, a coisa parece o contrário.*[181]

As paixões descritas por Aristóteles, mediante uma análise que Heidegger vai considerar insuperável,[182] são: ira e mansidão, piedade e indignação, temor e confiança, amor e ódio, pudor e falta

---
181 *Ibid.*, II 1, 1377 *b* 31-1378 *a* 3.
182 HEIDEGGER, M. *Essere e tempo*, edição a cargo de F. Volpi. Milano: Longanesi, 2005, pp. 167-173.

de vergonha, e outras mais, como a emulação. Por seu turno, o *Livro III* trata do estilo dos discursos. Como se vê, por conseguinte, a retórica de que fala Aristóteles não é ficção, ou simples moção dos afetos, mas é arte no verdadeiro sentido do termo, qual seja, técnica da argumentação que, todavia, leva em conta as situações humanas.

A *Poética*, obra que ocupa um livro só, tem como objeto a arte de fazer poesia, e é uma reflexão filosófica sobre a poesia, que tenta compreender como ela pode ser bem-feita. Todas as formas de poesia, quer a forma teatral (tragédia e comédia), quer a épica ou a lírica, na visão de Aristóteles são "imitações" (*mimêsis*) da realidade, não no sentido de mera cópia, mas no sentido de representação, dramatização, encenação.[183] Elas imitam pessoas que agem, que atuam como pessoas corajosas, que podem ser melhores do que nós, como no caso da tragédia, ou pessoas insignificantes, ou piores do que nós, como acontece na comédia. Duas causas, no entender do filósofo, deram origem à poesia: o fato de que a imitação é conatural aos seres humanos desde a meninice, e o fato de que obtêm prazer com a imitação. A imitação, efetivamente, é causa de aprendizado, como se depreende do fato de que as crianças aprendem a falar por meio da imitação, e a aprendizagem é causa de prazer, não só para os filósofos, mas para todos os seres humanos.[184] Temos aqui uma nova forma de atribuir valor à

---

183 Aristot., *Poet.*, cap. 1.
184 *Ibid.*, cap. 2-4.

imitação, inclusive do ponto de vista cognoscitivo, provavelmente polemizando com o menosprezo platônico pela arte como cópia de cópias.

O maior poeta de todos os tempos, na opinião do filósofo, é Homero. Este, com a *Ilíada* e a *Odisseia*, narrações em versos dedicadas a personagens de grande coragem, foi um precursor da tragédia, que seria levada à sua mais sublime expressão por Ésquilo e Sófocles; e, com o *Margites*, nome do personagem de muita importância, desajeitado, foi um precursor da comédia. O fim da comédia, por seu turno, é provocar o ridículo, o erro e a feiura indolor que não machuca. Mas a forma superior de poesia é, para Aristóteles, a tragédia. Eis a sua célebre definição de tragédia:

> *Tragédia é imitação de uma ação séria e acabada, dotada de grandeza, por meio de um discurso agradável, distinto para cada uma das formas em suas partes, de personagens que atuam e não mediante narração, a qual mediante compaixão e medo efetua a purificação* (katharsis) *dessas paixões.*[185]

O elemento mais interessante da definição aristotélica foi sempre considerado a alusão feita à purificação ou "catarse", que repete aquela já feita ao final da *Política*, a propósito da função purificadora da música. O significado desse termo é esclarecido em uma passagem a seguir, em que Aristóteles declara que "o poeta deve proporcionar o prazer que

---

185   *Ibid.*, 6, 1449 *b* 21-28.

tem sua origem na compaixão e no medo graças à imitação".[186] Dessa passagem se depreende, com efeito, que paixões como a compaixão e o medo, as quais *per se* provocariam dor, graças à imitação, ou seja, graças ao fato de serem experimentadas por pessoas que não são reais, mas pelos personagens representados, são purificadas pela dor e proporcionam prazer, o prazer ligado à aprendizagem. Portanto, assim como a música, na *Política*, tem a função de educar os jovens purificando-lhes as paixões, da mesma forma a tragédia, na *Poética*,

> *leva a bom termo essa purificação, porque, ao fazer que os espectadores participem dos lances trágicos dos personagens representados, os torna mais experientes da vida, e assim mais sábios.*[187]

A confirmação do valor, inclusive cognoscitivo, da poesia é dada por uma passagem, mais adiante, igualmente famosa, da *Poética*, na qual o filósofo escreve que

> *o dever do poeta não é dizer as coisas que aconteceram [como o faz o historiador], mas as coisas assim como poderiam ter acontecido, as coisas que seriam possíveis segundo a verossimilhança ou necessidade [...]. Por isso, a poesia é coisa mais filosófica e tem maior valor do que a história, pois a poesia diz principalmente dos universais, enquanto a história trata das particularidades.*[188]

---
186 *Ibid.*, 14, 1453 *b* 11-13.
187 Para essa interpretação sirvo-me de P. Donini, *La tragedia e la vita. Saggi sulla* Poetica *di Aristotele*. Alessandria: Dell'Orso, 2003.
188 Aristot., *Poet.*, 9, 51 *a* 36-38, *b* 5-7.

Nesse contexto, "mais filosófica" significa que contribui para se aprender mais, faz conhecer mais, porque, enquanto a história expõe aquilo que aconteceu a um personagem particular, a poesia vai dizer aquilo que poderia, de maneira necessária ou verossímil (na maioria dos casos), acontecer a todo o mundo. A obra continua, mais adiante, analisando cada um dos vários elementos da tragédia (o mito, as peripécias, os reconhecimentos, os caracteres) e fazendo uma análise análoga a propósito da poesia épica, a qual se distingue da tragédia pois é narrada e se refere a um período de tempo maior. A obra nada diz sobre a comédia, e por esse motivo alguns pensaram que seria dedicada a ela um segundo livro, que se perdeu.

III.
Conceitos--chave

Ação (*praxis*): comportamento humano que termina em si mesmo e não em outro.

Acidente (*symbebêkos*): 1) aquilo que se acha em um sujeito, atributo; 2) aquilo que não acontece sempre, nem de modo geral.

Alma (*psychê*): forma, ou ato primeiro, de um corpo orgânico dotado de vida em potência; capacidade de viver, presente nas plantas (alma vegetativa), nos animais (alma sensitiva) ou nos seres humanos (alma intelectiva).

Analogia (*analogia*): identidade de relações entre termos diferentes, proporção. Por exemplo: em A:B=C:D, os pulmões estão para os mamíferos como as brânquias para os peixes. A analogia não abrange a homonímia relativa a um indivíduo (*vide*), chamada na Idade Média analogia de proporção.

Ato (*energeia* ou *entelecheia*): 1) o realizar-se efetivo de uma mudança; 2) o resultado final da mudança, a presença completa de uma forma. Ato primeiro: presença de uma capacidade; ato segundo: exercício da capacidade.

Bem (*agathon*): objeto de desejo, fim da ação; pode ser aparente ou real.

Catarse (*katharsis*): purificação, catarse trágica: purificação das paixões, que lhes tira o aspecto doloroso, graças à imitação.

Categorias (*katêgoriaí*): os predicados mais universais depois do ente e do uno; os gêneros supremos do ser (substância, quantidade, qualidade, relação, agir, padecer, estar, ter, onde e quando).

Causa (*aitia*): explicação, ou o "porquê", de um estado de coisas. A causa pode ser: 1) material; 2) formal; 3) motriz (motora); ou 4) final. Causa primeira: causa não causada, explicação última, princípio.

Céu (*ouranos*): 1) a esfera exterior que contém o universo inteiro; 2) o conjunto dos corpos celestes; 3) o universo inteiro.

Cidade (*polis*): uma sociedade formada por famílias e aldeias, tão grande quanto for suficiente para garantir o viver bem; sociedade perfeita, no sentido de completa.

Ciência (*epistêmê*): hábito da razão, que consiste no conhecimento da causa de um estado de coisas, ou do "porquê", ou ainda do universal, e na capacidade de explicar o efeito mediante uma demonstração.

Constituição (*politeia*): ordenamento das funções de governo da cidade. O termo *politeia* indica igualmente a cidadania.

Contradição (*antiphasis*): oposição entre dois enunciados (e também entre dois termos), um dos quais é a completa negação do outro.

Crematística (*chrêmatistikê*): capacidade ou atividade, visando adquirir riquezas. Pode ser "natural", quando possibilita obter as riquezas necessárias à família, e nesse caso faz parte da arte econômica; ou pode ser "contra a natureza", quando tende a obter para si riquezas em medida ilimitada.

Dedução (*syllogismos*): discurso, ou raciocínio, graças ao qual de premissas universais se tiram conclusões particulares.

Definição (*horismos*): discurso que exprime a essência de uma coisa, "o que é", composto de gênero e diferença específica. Exemplo: "o homem é um animal (gênero) dotado de *logos* (diferença específica).

Demonstração (*apodeixis*): discurso que deduz, mediante o "silogismo científico (dotado de premissas verdadeiras)", as propriedades de um objeto, o qual desempenha a função de "gênero sujeito". Exemplo: demonstrar que o triângulo tem os ângulos internos iguais a dois retos. A demonstração pode ser do "quê", quando parte do efeito (exemplo: "os planetas cintilam") para demonstrar a existência da causa (exemplo: "os planetas estão próximos"); ou do "porquê", partindo da causa para demonstrar a necessidade do efeito.

Dialética (*dialektikê*): técnica de discutir com um adversário, tentando refutar a tese deste (ataque) ou tentando não deixar que este lhe refute a tese própria (defesa). Aquele que ataca levanta perguntas, e essas, em geral, supõem respostas endoxais (*vide*), das quais se quer deduzir uma contradição com a tese do adversário. Aquele que se defende procura dar respostas que não permitam essa operação.

Economia (*oikonomia*): termo derivado de "econômica", adjetivo de arte, ciência ou sabedoria prática, arte referente ao modo de governar bem a casa (*oikos*), ou seja, a família.

Elemento (*stoicheion*): componente último dos corpos. Por exemplo, os elementos dos corpos terrestres são terra, água, ar e fogo; para os corpos celestes, o éter.

Endoxal (*endoxos*): o contrário de "paradoxal"; adjetivo que caracteriza a opinião compartilhada por todos, ou pela maioria, ou por aqueles que sabem e, entre estes, por todos, ou pela maioria, ou pelos mais abalizados. Equivalente a "verossímil", no sentido de verdadeiro em geral.

Ente enquanto ente (*on hê on*): todo ente, considerado não na sua essência (por exemplo, enquanto número, ou enquanto grandeza), mas no seu ser, o qual compreende quer aquilo que este compartilha com todos os outros entes quer aquilo que o distingue destes, ou seja, as suas diferenças, e tem, portanto, muitos significados que são irredutíveis a um só. Em Aristóteles não há diferença entre "ente" e "ser". Trata-se de dois modos do mesmo verbo, ambos dotados de uma multiplicidade de significados.

Entimema (*enthymema*): silogismo retórico, com premissas verossímeis, isto é, verdadeiras "em geral".

Espanto (*thaumazein*): admiração, encantamento, que se produz diante de um estado de coisas cuja causa não se conhece e se deseja conhecer.

Espécie (*eidos*): o conjunto dos indivíduos que têm a mesma essência, "substância segunda" para as *Categorias*.

Essência (*ti esti, ti ên einai, ousia*): aquilo que uma coisa é (ou "era", no sentido de não ter mudado ou que corresponde ao que se perguntou), realidade expressa pela definição (*vide*).

Experiência (*empeiria*): familiaridade com o "particular", com o "quê", constituída por muitas recordações de um mesmo objeto.

Felicidade (*eudaimonia*): bom sucesso na realização da função própria do ser humano, que consiste no exercício da virtude suprema (sabedoria), com todas as condições que tornam isso possível (outras virtudes, bens exteriores) e durante uma vida inteira.

Filosofia (*philosophia*): saber em geral ou forma de saber racional, ciência. Pode ser teórica, prática ou poiética, segundo a sua meta. Pode ser "primeira" ou "segunda", de acordo com a dignidade do seu objeto.

Física (*physikê*): adjetivo de "ciência", indicando a ciência da natureza (*vide*), isto é, dos entes mutáveis, não produzidos pelo ser humano, capazes de mudarem por si mesmos. Filosofia "segunda".

Forma: 1) o aspecto visível de um ente (*morphê*); 2) aquilo que confere a um ente a sua essência, ou forma inteligível (*eidos*); 3) o modo como as partes de um composto (matéria) estão organizadas para que possam cumprir as próprias funções, por exemplo, na ciência moderna a fórmula química; 4) o programa intrínseco para o desenvolvimento de um ente, que o leva à sua plena realização, por exemplo, na genética moderna a sequência do genoma; 5) o projeto presente na mente do artista.

Gênero (*genos*): 1) o caráter essencial comum a uma multiplicidade de espécies, que se predica de cada uma, mas não das diferenças existentes entre elas. Exemplo: "animal", que se predica de homem e de cão, não de bípede ou quadrúpede; 2) o conjunto das espécies que têm o mesmo caráter essencial.

Homonímia (*homonymia*): 1) posse comum de um nome entre entes que têm definições completamente diversas (chamada também homonímia total ou casual), exemplo: "olho" e "olho pintado"; 2) posse comum de um nome entre palavras que possuem definições diferentes, mas que contêm, todas elas, uma relação a uma só coisa (que se diz também homonímia relativa), exemplo: "são" (relativo a "saúde"), "ente", (relativo a substância).

Imitação (*mimêsis*): indica, na *Poética*, a natureza da poesia, que é representação, encenação, da realidade.

Indução (*epagôgê*): discurso ou raciocínio que deduz, de uma multiplicidade de casos particulares, uma conclusão geral.

Intelecto (*nous*): 1) faculdade de apreender a essência, ou a forma, de um ente, e que se distingue em "intelecto passivo", faculdade de acolher as formas de todas as coisas, uma vez que se tornaram inteligíveis, e "intelecto ativo" ou produtivo, faculdade que torna inteligíveis as formas; 2) hábito, ou seja: posse permanente dos princípios das ciências.

Logos: palavra, discurso, argumento, pensamento, noção, fórmula, relação.

Matéria (*hylê*): 1) as partes constitutivas de um corpo, redutíveis em última análise aos elementos; 2) o substrato da geração e da corrupção, que permanece na base desta, passando da privação para a forma ou assumindo formas diferentes. Matéria "prima" é o substrato dos elementos, que possibilita a transformação de um no outro, mas não existe nunca separadamente.

Metafísica: 1) título dado pelos editores à obra de Aristóteles na qual se expõe a "filosofia primeira"; 2) nome que a tradição deu à disciplina filosófica posterior à física, do ponto de vista do conhecimento, e superior a ela, do ponto de vista do objeto.

Movimento (*kinêsis*): ato daquilo que se acha em potência enquanto tal, ou seja, atuação em via de desenvolvimento das potencialidades de um ente, manifestação em ato do seu ser potencial. 1) Em sentido geral, movimento equivale a mudança (*metabolê*) e se divide em movimento local, ou translação, movimento de qualidade ou alteração, movimento de quantidade ou aumento e diminuição, movimento de substância ou geração e corrupção; 2) em sentido particular, equivale a movimento local (*phora*).

Motor imóvel (*kinoun akinêton*): 1) objeto de desejo que move a faculdade desejante e, por meio desta, o animal; 2) causa do movimento eterno do céu, que exerce, sempre em ato, a sua ação motriz e, portanto, se acha totalmente em ato, por isso imune a qualquer mudança.

Natureza (physis); 1) princípio de movimento e de repouso intrínseco aos corpos; 2) conjunto dos corpos terrestres que possuem em si o princípio do movimento e do repouso (com exclusão, portanto, dos objetos artificiais); 3) ordem teleológica (finalística), existente nos corpos naturais.

Particular (*kath'hekaston*): aquilo que se predica de um só indivíduo ou de alguns indivíduos apenas, compreendidos em um certo âmbito, ou seja, de uma parte destes.

Percepção (*aisthêsis*): apreensão, por um órgão dos sentidos, da forma sensível de um corpo sem a sua matéria.

Politìa (*politeia*): tradução convencional do termo *politeia* (constituição), quando usado para indicar a terceira entre as constituições boas, qual seja, o governo de muitos no interesse de todos.

Política (*politikê*): adjetivo 1) de "ciência", indicando a ciência do bem da cidade, que recebe também o nome de "filosofia prática"; 2) de "prudência" que indica a capacidade de bem governar uma cidade.

Potência (*dynamis*): 1) capacidade de produzir ou de sofrer mudança; 2) capacidade de assumir (ou de não assumir) uma determinada forma.

Princípio (*archê*): 1) causa primeira graças à qual um ente é o que é, diferente segundo os diversos gêneros de causa (material, formal, motriz e final); 2) premissa das demonstrações, portanto causa de conhecimento. Nesse sentido, um princípio pode ser: a) próprio de uma única ciência (por exemplo, a definição de unidade ou de ponto); b) comum a mais de uma ciência (por exemplo, "subtraindo números pares de pares se obtêm pares"); c) comum a todas as ciências (princípio de não contradição, princípio do terceiro excluído).

Produção (*poiêsis*): comportamento que tem como sua meta um objeto diferente, o produto.

Prudência (*phronêsis*): virtude da razão calculadora ou prática, que consiste na capacidade de deliberar a respeito dos meios aptos (ou seja, as opções, as ações que se devem fazer ou evitar) para se alcançar um fim bom.

Refutação (*elenchos*): dedução de uma conclusão contraditória com relação à tese sustentada pelo próprio adversário, com base em premissas por este mesmo concedidas.

Sabedoria (*sophia*): 1) virtude da razão científica ou teorética, que consiste no conhecimento dos princípios (causas primeiras) e na capacidade de deduzir deles as conclusões (ou as explicações) corretas; 2) forma suprema do saber, que coincide com a filosofia primeira; 3) atividade em cujo exercício consiste a felicidade.

Silogismo (*syllogismos*): discurso formado no mínimo por três enunciados, em que o terceiro decorre necessariamente dos dois primeiros, em virtude de um termo, denominado "médio", que desempenha a função de predicado no primeiro e de sujeito no segundo. Os dois primeiros enunciados se chamam também premissas, respectivamente maior e menor, e o terceiro enunciado se denomina conclusão. Tipos de silogismo: silogismo científico ou demonstração (com premissas verdadeiras), silogismo dialético (com premissas endoxais), silogismo retórico ou entimema (com premissas verossímeis), silogismo erístico (silogismo aparente, quer dizer, não concludente, ou com premissas só aparentemente endoxais).

Sinonímia (*synonymia*); posse em comum do mesmo nome entre entes para os quais esse nome corresponde sempre à mesma definição; por exemplo, "animal", quando se diz do ser humano e do boi.

Substância (*ousia*): 1) aquilo que não está em um sujeito nem se predica de um sujeito ("substância primeira" conforme as *Categorias*), exemplo: Sócrates; 2) aquilo que não está em um sujeito, mas se predica de um sujeito ("substância segunda" de acordo com as *Categorias*), exemplo: homem; 3) um conjunto inteiro (*synolon*) de matéria e forma, exemplo: Sócrates; 4) forma do conjunto inteiro, exemplo: a alma de Sócrates ("substância primeira" de acordo com a Metafísica, *Livro VII*); 5) ente capaz de subsistir separado de qualquer outro, e destes Aristóteles distingue três gêneros: substâncias terrestres, móveis e corruptíveis; substâncias celestes, móveis e eternas; substâncias eternas e imóveis (os motores dos céus).

Substrato (*hypokeimenon*): sujeito permanente da mudança, capaz de assumir formas diversas ou capaz de passar da privação para a forma. No caso das mudanças de qualidade, quantidade ou lugar, é uma substância; no caso da geração e da corrupção, é a matéria.

Teoria (*theôria*): estudo, pesquisa realizada no único intuito de conhecer, conhecimento que é fim em si mesmo.

Universal (*katholon*): aquilo que se predica de todos os indivíduos incluídos em um certo conjunto, ou seja, de todo um conjunto (a espécie, exemplo: "homem", o gênero, exemplo: "animal", a categoria, exemplo: "substância") ou de todos os entes ("ente" e "uno").

Verdadeiro (*alethês*): 1) propriedade de um discurso, ou enunciado, que une signos de coisas unidas na realidade ou divide signos de coisas divididas na realidade. Seu contrário é o "falso"; 2) propriedade do discurso que exprime a essência de um ente. Seu contrário é o desconhecimento da essência; 3) propriedade de um ente que aparece tal qual é realmente, autêntico, exemplo: "ouro verdadeiro" ("ouro legítimo"). Seu contrário é o falso, com o significado de algo que se mostra diferente do que é, exemplo: "ouro falso".

Verossímil (*eikôs*): discurso semelhante ao discurso verdadeiro, não no sentido de não ser verdadeiro, mas na medida em que é verdadeiro "em geral". Equivalente a "endoxal".

Virtude (*aretê*): excelência, perfeição, disposição permanente para bem agir, adquirida com o hábito ou mediante a aprendizagem. Pode ser "ética" ou do caráter (*êthos*) ou "dianoética" ou da razão (*dianoia*).

IV.
História dos efeitos

1. Antiguidade

No período helenístico (séculos III-I a.C.), o pensamento de Aristóteles exerceu reduzida influência sobre a filosofia grega e romana, embora continuasse existindo em Atenas a escola peripatética que ele fundara e um representante desta, Critolau, tenha tomado parte na missão diplomática dos filósofos gregos que foram a Roma, em 155 a.C. Naquela época, os tratados do filósofo não estavam ainda circulando, embora algumas cópias tenham talvez sido arquivadas na Biblioteca de Alexandria. De Aristóteles estavam circulando, sobretudo, os diálogos, destinados a um público maior. A edição dos tratados, levada a cabo por Andrônico no século I a.C., não teve efeito imediato, embora aparentemente a *Metafísica* fosse conhecida pelo platônico Eudoro de Alexandria e por Nicolau de Damasco (século I d.C.), mas se trata de questão controvertida. Cícero conhecia certamente os diálogos, que cita muitas vezes, e poderia conhecer alguns tratados (*Tópicos*, *Retórica*), mas não os cita nunca, e em geral associava o pensamento de Aristóteles ao de Teofrasto, como expressões da escola peripatética.

Entre os séculos I e II d.C., ou seja, na era imperial (quando o mundo helenístico fora dominado pelos romanos), teve início, graças à escola peripatética, a atividade de comentário dos tratados aristotélicos, mas as obras dos primeiros comentadores (Adrasto, Aspásio, Sosígenes, Hermínio) chegaram até nós somente em parte. Verifica-se que foram comentadas as *Categorias* (por Boeto de Sidon), que despertaram o interesse inclusive em ambientes neopitagóricos, onde houve quem tentasse fazer que remontassem ao pitagórico Arquitas. Mas despertaram interesse também o *De Caelo*, cuja doutrina do éter foi criticada pelo peripatético Xenarco de Selêucia, a *Etica Nicomachea*, que foi comentada por Aspásio, e foi sem dúvida conhecida a *Metafísica*, que atraiu a atenção dos assim chamados platônicos médios (platônicos que floresceram entre o platonismo antigo e o neoplatonismo), como se depreende de um manual de filosofia platônica, o *Didaskalikos*, de Alcínoo. Essa obra atesta uma tendência que talvez já se houvesse manifestado com Eudoro e que teria gozado de enorme sucesso entre os neoplatônicos, qual seja, a tentativa de conciliar aristotelismo e platonismo, identificando o Demiurgo de que fala Platão no *Timeu* com o Motor Imóvel de que fala Aristóteles, e interpretando o mundo platônico das Ideias como o conjunto dos pensamentos contidos no Intelecto Divino, a saber, na mente do Motor Imóvel, que desse modo vem a ser o Sumo Deus.

Mas a influência do pensamento aristotélico sobre a filosofia greco-romana torna-se decisiva entre os séculos II e III, graças à obra de Galeno e de Alexandre de Afrodísias. O primeiro se interessa principalmente pela lógica de Aristóteles, pelo método das ciências e pelos seus tratados de biologia, contrapondo-lhes os próprios pontos de vista e transmitindo essa problemática à Idade Média. O segundo empreende um grande comentário a todo o *Corpus Aristotelicum*, do qual chegaram até nós muitas partes. Alexandre deprecia completamente os diálogos, considerando-os como escritos populares, sem qualquer valor filosófico, e interpreta os tratados como expressões de um único grande sistema, perfeitamente coerente em seu núcleo e estruturado de modo rigorosamente demonstrativo, segundo a lógica exposta nos *Analíticos Posteriores*. Aristóteles, a seu ver, teria concebido a realidade como uma hierarquia de formas, entendidas como princípios dinâmicos, que tendem, todos eles, ao Motor Imóvel, concebido como causa final de toda a realidade, e objeto de imitação por parte do primeiro céu. Alexandre identifica o intelecto ativo com o intelecto divino, isto é, com o próprio Motor Imóvel, e atribui a este último uma influência sobre toda a realidade, e é nisso que consiste a providência divina. Trata-se, como se vê, de um aristotelismo fortemente platonizado, talvez por influência do platonismo médio que vai por seu turno exercer, assim, uma grande influência sobre toda a história posterior.

Mediante a interpretação de Alexandre, o pensamento de Aristóteles vai influir sobre o neoplatonismo de Plotino e de Porfírio (século III). O primeiro conhece, cita e discute os tratados, defende Platão das críticas de Aristóteles, e se alinha abertamente com as posições de Platão, mas ao mesmo tempo resgata importantes doutrinas de Aristóteles (potência e ato, intelecto divino), fazendo definitivamente do aristotelismo um componente essencial da nova visão platônica da realidade. O segundo é ainda mais conciliador com relação a Aristóteles, efetuando uma síntese entre os dois maiores sistemas da filosofia grega clássica, provavelmente para enfrentar a influência do cristianismo que, entrementes, estava se difundindo na cultura e mesmo na filosofia greco-romana. De modo particular Porfírio valoriza as *Categorias*, para cuja introdução redige a célebre *Isagoge*, que vai exercer enorme influência sobre a filosofia medieval, na qual levantará o famoso problema dos universais. Com Porfírio se inicia o costume, que vai se impor em todas as escolas neoplatônicas, de considerar a lógica e a física de Aristóteles como obras de introdução à metafísica de Platão. A própria *Metafísica* vai ser comentada pelos grandes mestres do neoplatonismo, Siriano (Atenas, século V) e Amônio (Alexandria, século VI), que vão livrá-la de todo o resíduo de antiplatonismo, e acabarão por transformá-la em uma teologia racional. Mas também as outras obras, de lógica e de física, serão comentadas pelos neoplatônicos alexandrinos, o pagão Simplício, o cristão João Filopônio e o judeu Elias.

2. Idade Média

Nesse meio-tempo, o Império Romano, que se tornara cristão, primeiro com o imperador Constantino e a seguir principalmente com o imperador Teodósio, dividiu-se em dois: o Império do Ocidente e o Império do Oriente. O primeiro deles caiu no fim da Idade Antiga após as invasões bárbaras (476 d.C.), ao passo que o segundo sobreviveu até o fim da Idade Média (1453 d.C.), quando os turcos tomaram Constantinopla. Na filosofia cristã, quer do Oriente quer do Ocidente, ou seja, na patrística, Aristóteles não teve muita sorte, tendo em vista a sua doutrina da eternidade do mundo, que parecia inconciliável com a fé na criação, ao passo que Platão teve melhor sorte, por causa da cosmogonia do *Timeu* e por causa de sua doutrina da imortalidade da alma. No Ocidente a filosofia sobreviveu até o século VI por obra, sobretudo, de Severino Boécio. Este seguia também a tendência neoplatonizante, conhecia o grego e, então, traduziu e comentou as obras de lógica de Aristóteles, transmitindo a sua versão latina à Idade Média.

Primeiro no Oriente, quando a escola neoplatônica de Atenas fechou as portas por ordem do imperador Justiniano (529 d.C.), e com a consequente emigração dos filósofos gregos para a

Pérsia, aconteceu uma pausa na vida filosófica, mas ela ganhou novo impulso com o renascimento cultural promovido pelo patriarca Fócio (século IX). Este se interessou pessoalmente pela filosofia aristotélica, redigindo uma obra sobre as *Categorias*. Naquele período, todas as obras dos antigos filósofos, inclusive as de Aristóteles, foram transcritas em Bizâncio/Constantinopla dos caracteres unciais (letras maiúsculas) para os caracteres minúsculos, dando origem, assim, aos mais antigos manuscritos dessas obras que chegaram até nós. Entre os séculos XI e XII, Miguel Pselo, diretor da Faculdade de Filosofia da Universidade Imperial de Constantinopla, relançou o interesse por Platão e Aristóteles, e a princesa Anna Comnena (filha do imperador Alexis I) fundou, na capital, um círculo cultural, que pôs mãos à obra para elaborar um comentário a todas as obras de Aristóteles, com a contribuição de eruditos como Eustrácio de Niceia e Miguel de Éfeso. Este último completou o comentário de Alexandre de Afrodísias à *Metafísica*, que chegara apenas aos primeiros cinco livros, interpretando a obra de Aristóteles em chave teologizante e neoplatonizante.

Mas no século VII teve início um novo capítulo dessa história, que iria influenciar profundamente a história universal e o próprio aristotelismo: a difusão do islã. No arco de somente um século os exércitos do profeta Maomé ocuparam grande parte do Império Bizantino (Síria, Palestina, Egito) e grande parte dos territórios do antigo Império Romano do Ocidente, que haviam caído sob o domínio das monarquias bárbaras: toda a África setentrional até o Marrocos, toda a Espanha, a Sicília e parte da França, onde foram detidos, em Poitiers, por Carlos Martel (736). Quando o califado dos Omíadas, autor de todas essas conquistas e que se estabelecera em Damasco, cedeu o lugar ao califado dos Abássidas, que conquistou a Pérsia e transferiu a capital para Bagdá (850), os califas muçulmanos houveram por bem desenvolver uma cultura universal. Por isso se voltaram para as obras dos antigos filósofos e cientistas gregos, que eles tinham encontrado nos territórios outrora bizantinos, sobretudo na Síria. Como tiveram a impressão de que os bizantinos, ou seja, os cristãos, preferiam referir-se a Platão, os califas decidiram que o filósofo grego a quem deveriam se reportar para dele fazer o fundamento racional da teologia muçulmana seria Aristóteles. Assim, ordenaram que os eruditos cristãos da Síria, que conheciam bem o grego pela anterior dominação bizantina e o árabe pela subsequente dominação islâmica, fizessem a tradução de todas as obras do filósofo. Primeiro eles traduziram Aristóteles do grego para o siríaco e, em seguida, do siríaco para o árabe.

E assim nasceu, em Bagdá, no século IX, a "Casa da Sabedoria", círculo cultural em que se traduzia e se comentava Aristóteles. A figura dominante desse ambiente foi Al Kindi, que não só interpretou a metafísica do filósofo em chave teológica (empreendimento facilitado e quase obrigatório devido aos comentários neoplatônicos disponíveis), mas promoveu também a elaboração de obras de conteúdo teológico, que foram atribuídas a Aristóteles, embora compostas na realidade de extratos de Plotino (a assim chamada *Theologia Aristotelis*) e de Proclo (*Tratado sobre o puro bem*, traduzido mais tarde para o latim com o título *De Causis*). Essa tendência teologizante foi atenuada por Al Farabi (séculos IX e X) e por Ibn Sina (latinizado como Avicenna, século XI), que reconheceram na *Metafísica* de Aristóteles essencialmente uma ciência do ser enquanto ser. Também tomaram Aristóteles como referência os filósofos árabes do Ocidente, ou seja, da Andaluzia, por exemplo Ibn Bajja (Avempace, séculos XI e XII) e Ibn Rushd (Averróes, século XII). Este último, por ordem do seu soberano, escreveu três comentários a todas as obras de Aristóteles, um mais breve, também chamado de *Epítome*, um médio e um grande (citado por Dante como "o grande comentário"). Afirmava Averróes ser possível conciliar a filosofia aristotélica e a revelação corânica (coisa que fora negada por Al Gazali), mas reconhecia de certo modo o primado da filosofia, como verdade para as pessoas cultas, sobre a fé, como verdade para o povo. Por essa razão, suas obras foram condenadas pela autoridade religiosa do islã. Mas, na Andaluzia, a filosofia aristotélica foi resgatada também por filósofos de língua árabe e de religião judaica: Ibn Gabirol (Avicebron, século XI) e Moisés Maimônides (século XII).

A reconquista da Sicília e da Espanha pelos cristãos fez com que estes entrassem em contato com o Aristóteles árabe: em Toledo foram organizadas traduções das obras de Aristóteles, do árabe para o latim, encomendadas a judeus que sabiam ambas as línguas (Ibn Daud, Domingos Gundisalvi); o mesmo aconteceu em Palermo por iniciativa do Imperador Frederico II, que mandou Miguel Escoto traduzir também os comentários de Averróes. Na mesma época, os contatos entre Veneza e Constantinopla, desenvolvidos após a IV Cruzada e a temporária conquista da capital bizantina, permitiram que pesquisadores como Giacomo Vêneto viajassem até Constantinopla, a fim de ali aprender a língua grega e traduzir as obras aristotélicas do grego para o latim, difundindo suas traduções pela Europa cristã (até a abadia do Monte São Miguel na França). Até esse momento, a Europa conhecia em latim apenas as obras de lógica do filósofo, que tinham dado origem à querela dos universais (Roscelino, Abelardo), enquanto entre os séculos XII e XIII foram também traduzidas para o latim as obras de física, de metafísica e de ética. A impressão suscitada por essas obras foi enorme. Aristóteles entrou em cena como a expressão mais avançada, não só da filosofia, mas também – e sobretudo – das ciências da natureza. O fato de terem sido os muçulmanos, rivais históricos da cristandade, os primeiros a se apoderarem da filosofia aristotélica levou os mais inteligentes dos filósofos cristãos a fazerem o mesmo.

Não foi uma empreitada muito fácil. Pois, à primeira vista, a filosofia de Aristóteles aparentava ser inconciliável com o cristianismo, especialmente em uma cultura dominada pelo agostinismo, como o era toda a cultura cristã medieval. Com efeito, as obras de Aristóteles foram a princípio condenadas e sua leitura foi proibida. Depois, no entanto, foram aos poucos se impondo, de modo especial nas universidades então recém-fundadas (Paris, Oxford, Pádua), até se tornarem livros obrigatórios em todas as universidades europeias. Cabe o mérito da assimilação de Aristóteles de modo especial aos frades dominicanos Alberto de Colônia (conhecido como Alberto Magno) e Tomás de Aquino, mas em seguida também os franciscanos se aproximaram de Aristóteles, por exemplo, frei Boaventura de Bagnoregio, os agostinianos, como Egídio Romano, os padres seculares, como Henrique de Gand, e os filósofos leigos, como Siger de Brabante e Davi de Dinant. Por isso se pode dizer que toda a filosofia escolástica do século XIII era aristotélica. Tratava-se, no entanto, de um aristotelismo fortemente influenciado pelo neoplatonismo, seja porque se acreditava que fosse obra de Aristóteles o neoplatônico *De Causis*, seja porque Aristóteles era lido com o auxílio dos comentadores árabes, especialmente Avicena e Averróes. Tomás de Aquino a vida inteira interpretou Aristóteles desse modo, e só nos últimos anos de vida descobriu que o *De Causis* não era de Aristóteles. Com efeito, nos seus comentários às obras de Aristóteles, que se acham entre suas últimas obras, foi mais genuinamente aristotélico do que nos anos anteriores. Ele mesmo encomendou ao seu confrade Guilherme de Mörbeke, que exercera o episcopado na Grécia e, portanto, dominava o grego, uma nova tradução de todo o *corpus* aristotélico diretamente do grego. Nessa tradução, a cada palavra grega correspondia sempre a mesma palavra latina. O seu aristotelismo, porém, lhe custou uma condenação por causa de algumas de suas teses, pois teve teses condenadas pelo bispo de Paris e pelo bispo de Cantuária, e Tomás de Aquino só foi canonizado em 1325, cinquenta anos depois de seu falecimento. Um grande aristotélico leigo foi Dante Alighieri, que definiu Aristóteles como "o mestre daqueles que sabem".

No século XIV, graças a João Duns Escoto, tomou corpo uma nova interpretação da metafísica de Aristóteles, que ele reduziu, seguindo a trilha de Avicena, à ciência do ser comum, indeterminado e unívoco. No entanto, mesmo no âmbito de um quadro filosófico que continuava sendo fundamentalmente aristotélico, levantaram-se diversas críticas ao filósofo, sobretudo à sua física, criticada por Nicolau Oresme e João Buridano, à sua lógica, objeto da crítica de Guilherme de Occam, à sua autoridade em matéria científica, criticada por Francisco Petrarca. Não faltavam, porém, filósofos que tomavam Aristóteles como referência, indo até contra a autoridade da Igreja, como Marsílio de Pádua que, no *Defensor Pacis*, utiliza a *Política* de Aristóteles para criticar o poder do papa do ponto de vista do imperador.

3. Idade Moderna

O século XV assiste ao desabrochar do humanismo em Florença, em chave predominantemente platônica e neoplatônica (Marsílio Ficino funda então a Academia Platônica), embora ali também haja interesses por Aristóteles, especialmente pela ética e pela política (as obras sobre o tema são traduzidas por Leonardo Bruni para o latim humanístico). Mas em contraposição a Florença se ergue Pádua, com a sua universidade que se torna o principal bastião do aristotelismo na Europa, graças a professores como Paulo Vêneto, Nicoletto Vernia, Elias del Medigo e Caetano de Thiene, os quais retomam principalmente a lógica e a física de Aristóteles. Em Veneza, Aldo Manuzio publica a primeira edição impressa de todo o *corpus* aristotélico (*editio princeps*). Em Constantinopla, nesse meio-tempo, desenvolve-se uma áspera polêmica entre os filósofos platônicos, representados por Gemisto Pletão e pelo cardeal Bessarião, e os aristotélicos Jorge Trapezúncio, Teodoro de Gaza e João Argirópulos, que depois emigraram, todos eles, para a Itália, após a conquista da cidade pelos turcos.

O século XVI é o século do Renascimento e da Reforma. Lutero ataca duramente a Aristóteles, enquanto inspirador da escolástica, mas salva apenas a ética do filósofo. Por outro lado, Erasmo de Roterdã o defende e se encarrega de uma nova edição impressa de todas as suas obras. Enfim, Felipe Melanchton, discípulo de Lutero, reabilita Aristóteles introduzindo sua doutrina nas universidades alemãs. Nas universidades italianas, especialmente em Pádua, o pensamento de Aristóteles é o que domina todas as disciplinas: Pedro Pomponazzi interpreta a concepção da alma em perspectiva alexandrista, Giacomo Zabarella interpreta a lógica aristotélica como teoria do método científico, feito de análise ou resolução (demonstração do "quê"), e síntese ou composição (demonstração do "porquê"). Também são aristotélicos Nifo, Achillini, Zimara e outros.

Na mesma época, na península ibérica (Espanha e Portugal), desenvolveram-se novos comentários a Aristóteles, elaborados pela escola de Coimbra (os conimbricenses), do português Pedro de Fonseca, do espanhol Benito Pereira e, em Salamanca, principia um debate sobre a atitude que os espanhóis devem ter diante dos indígenas da América, recém-dominados com a "Conquista". Ginés de Sepúlveda, tradutor de Aristóteles para o latim humanístico, afirma que os índios devem ser submetidos aos espanhóis, pois estão incluídos na categoria que o filósofo tinha descrito como a dos escravos por natureza, dado que não sabem governar-se por si mesmos. Por outro lado, o dominicano Francisco de Vitória sustenta, sempre invocando Aristóteles, que os índios, como seres humanos, são animais políticos por natureza e, por isso, devem poder governar-se por sua própria conta. O debate foi levado à presença do imperador Carlos V pelo dominicano Bartolomeu de Las Casas, também aristotélico, e este levantou para o imperador a dúvida sobre a legitimidade da Conquista (a "*duda imperial*"). Ainda na Espanha, o jesuíta Francisco Suárez, com suas *Disputationes Metaphysicae*, apresentou uma nova exposição de toda a metafísica aristotélica em chave parcialmente escotista, influenciando vigorosamente a formação de Descartes. Trata-se da assim chamada "segunda escolástica".

O século XVII vem a ser o século da revolução científica, em que nasce a ciência moderna. A física de Aristóteles, que se baseava na experiência sensível, com base em uma noção complexa de movimento como mudança de estado e dava mais atenção às qualidades, dá lugar, por obra de Galileu, Descartes e Newton, a uma nova cosmologia, que tem por base o sistema heliocêntrico de Copérnico (mas este ainda demorou alguns séculos para se impor) e, portanto, unificará céu e terra. Nas ciências biológicas, porém, é justamente o aristotelismo que vai determinar o início da época moderna, graças a William Harvey, que descobre a circulação do sangue partindo de princípios aristotélicos (o coração como o centro do sistema) e superando a interpretação mecanicista de Descartes. De Aristóteles, ademais, sobrevivem a lógica, adotada pelo próprio Galileu, e a filosofia prática, embora a esta logo se contraponham o contratualismo político de Hobbes e Locke, e a *Etica Ordine Geometrico Demonstrata* de Spinoza. Já no começo do século XVII, por influência de Suárez, nasce na Alemanha uma nova disciplina filosófica, que ganha o nome de "ontologia". Ela reduz explicitamente a metafísica de Aristóteles à ciência do ser em geral (Jacob Lorhard, Rudolf Göckel e Johann Clauberg). Mas na segunda metade do século se assiste a um renascimento do aristotelismo, tanto na física quanto na metafísica, graças a Leibniz. Continua sobrevivendo, especialmente nas universidades alemãs, a filosofia prática do Estagirita, mas ela se transforma na doutrina do direito natural (Hugo Grócio e Samuel Pufendorf).

O século XVIII é o século do Iluminismo, aquele em que a filosofia aristotélica exerce a menor influência, embora na Alemanha se desenvolva a mais grandiosa sistematização das disciplinas filosóficas, tarefa jamais tentada antes, por iniciativa de Christian Wolff, baseada na divisão aristotélica da filosofia em teorética, prática e poiética (ou empírico-prática). Nessa sistematização, porém, todas as disciplinas filosóficas assumem um método rigorosamente demonstrativo, ou seja, de tipo matemático, e a metafísica se articula em uma *metaphysica generalis*, ou ontologia, e três *metaphysicae speciales*: a psicologia racional, a cosmologia racional e a teologia racional. Forma-se, assim, o sistema que vai ser o alvo das críticas de Kant. Mas ele vai manter, de Aristóteles, a lógica geral, por ele considerada insuperável, e vai transformar a ontologia na sua lógica transcendental (doutrina das categorias), rejeitando completamente as três metafísicas especiais. Deve-se, no entanto, destacar que, ficando ainda no terreno das ciências biológicas, foi justamente no século XVIII que se impôs a teoria aristotélica da epigênese contra o pré-formismo, até então dominante. Tudo isso naturalmente acontece na Europa, mas a filosofia aristotélica, mediante as grandes viagens, havia penetrado, nesse meio tempo, até na Ásia, onde teve boa acolhida, principalmente sua doutrina das categorias.[1]

4. Idade Contemporânea

A influência de Aristóteles sobre a filosofia europeia no século XIX ganhou um novo e vigoroso impulso, principalmente devido a Hegel. Este, com efeito, vê na enciclopédia das ciências, elaborada por Aristóteles, o grandioso precursor do seu próprio projeto de reduzir, mediante a razão, a totalidade do real à unidade, embora, em sua perspectiva (perfeitamente fundamentada), Aristóteles não tivesse deduzido da multiplicidade a unidade. Em particular, Hegel valorizou a física de Aristóteles, preferindo-a à física de Newton por seu caráter teleológico, e também valorizou a metafísica, que interpretou como a verdadeira lógica de Aristóteles (em lugar da silogística), e a concepção do princípio supremo como pensamento do pensamento. Não se pode ignorar que Hegel concluiu sua *Enciclopédia das Ciências Filosóficas em Compêndio* citando a passagem do *Livro XII* da *Metafísica*, na qual o filósofo apresenta

---

1 WARDY, R. *Aristotle in China. Language, Categories and Translation*. Cambridge: Cambridge University Press, 2000.

o Motor Imóvel como pensamento do pensamento, sem lhe acrescentar uma só palavra de comentário, em sinal do seu perfeito assentimento.

Em 1831, ano do falecimento de Hegel, saiu em Berlim a primeira grande edição crítica de todo o *Corpus Aristotelicum*, sob a direção de Immanuel Bekker, para a Academia Prussiana das Ciências. Essa edição ensejou toda uma série de estudos sobre Aristóteles, com base num conhecimento dos textos como nunca tinha acontecido antes. Nesse campo distinguiram-se, então, filólogos famosos como Christian August Brandis e Hermann Bonitz, e também filósofos como Friedrich Adolf Trendelenburg. Este último recorreu a Aristóteles para criticar a dialética hegeliana, mas ao mesmo tempo a doutrina aristotélica segundo a qual o devir pressupõe um sujeito que devém foi retomada, sempre numa perspectiva anti-hegeliana, por Feuerbach, Marx e Kierkegaard. O primeiro fala de subverter as relações de predicação admitidas por Hegel, pondo de novo no centro não o pensamento, que é só um predicado, mas o sujeito, o ser humano. O segundo cita precisamente em grego o "substrato material" (*hypokeimenon*) como o verdadeiro sujeito do devir. O terceiro se reporta ao conceito aristotélico de "substância primeira" como substância individual, conceito apresentado nas *Categorias*. De modo semelhante, o último Schelling se valeu mais de uma vez de Aristóteles para a sua nova filosofia positiva, que afirma o primado do ser sobre o conhecer.

A obra de Trendelenburg foi continuada por Franz Brentano que, com a sua dissertação *Sobre os Múltiplos Sentidos do Ser em Aristóteles* (1862), tornou a pôr no centro da filosofia a questão do ser. O interesse por Aristóteles se espalhou, em seguida, da Alemanha para a França onde, com o impulso de Victor Cousin, importantes ensaios sobre Aristóteles foram elaborados por Karl Michelet e Félix Ravaisson.[2]

No século XX, a presença de Aristóteles no debate filosófico se tornou ainda mais relevante. Na Alemanha, ao interesse histórico e filológico pela filosofia de Aristóteles, interesse estimulado pela monografia de Werner Jaeger, veio somar-se um interesse especificamente filosófico, presente acima de tudo em Heidegger. Este, durante uma década, em Marburgo, ministrou quase todos os anos cursos sobre Aristóteles, e ao longo da vida tentou construir um "contraprojeto" de filosofia, de sua lavra, apropriando-se vorazmente de conceitos e doutrinas de Aristóteles, primeiro colhidos em sua filosofia prática e, mais tarde, na totalidade do sistema de Aristóteles.[3] Na mesma direção, que foi impropriamente chamada de "neoaristotelismo", mas sem o espírito de rivalidade que animara Heidegger, continuaram caminhando seus alunos e Hannah Arendt, Hans-Georg Gadamer e Hans Jonas. O interesse de Heidegger por Aristóteles se difundiu também

---

2 THOUARD, D. (Ed.), *Aristote au XIX Siècle*. Villeneuve d'Ascq: Presses Universitaires du Septentrion, 2004.
3 VOLPI, F. *Heidegger e Aristotele* (nova edição). Roma-Bari: Laterza, 2010.

na França graças a Pierre Aubenque e a seus alunos (Rémi Brague e Jean-François Courtine), aos quais se aliou, assumindo posições mais independentes, Paul Ricoeur, que também procurou se inspirar na filosofia prática de Aristóteles.

Na Inglaterra, já no final do século XIX, havia sido fundada a Aristotelian Society por Ingram Bywater. E o interesse por Aristóteles encontrou expressão na tradução de todo o *Corpus* e nas edições comentadas de inúmeras obras organizadas por William David Ross. Mas quem assumiu explicitamente Aristóteles como referência foi a escola de Oxford, ou seja, o filão da filosofia analítica, que se dedicava à análise da linguagem comum, primeiro com John Langshaw Austin, Gilbert Ryle, Gertrude Elizabeth Margaret Anscombe, e a seguir com Peter Frederick Strawson, Gwilym Ellis Lane Owen, Anthony Kenny e David Wiggins. O mesmo interesse por Aristóteles se difundiu nos Estados Unidos graças aos alunos de Owen, como Martha Craven Nussbaum, contagiando filósofos como Hilary Putnam, em concorrência com diversas interpretações para as quais se referiam igualmente a Aristóteles filósofos como Alasdair MacIntyre e os "comunitaristas". Mas em todos os países se fez sentir uma significativa presença de Aristóteles na escola lógica polonesa por obra de Jan Lukasiewicz, na "nova retórica", ensinada em Bruxelas por Chaim Perelman, e mesmo na física de Ilya Prigogine e de René Thom.⁴ Seria interessante ver também a situação dos países ibéricos (Espanha e Portugal) e latino-americanos, onde a presença de estudos sobre Aristóteles mostra um crescimento impressionante.

Na Itália, Aristóteles foi primeiramente objeto de interesse filosófico para filósofos não idealistas como Giuseppe Vailati e, mais tarde, despertou o interesse até de neoidealistas como Giovanni Gentile, que levou ao estudo da lógica aristotélica Guido Calogero. Este traduziu depois o *Aristóteles* de Jaeger e confiou a tradução comentada da *Metafísica* a Armando Carlini, em cuja escola se formou Marino Gentile. E este, em colaboração com os colegas da Universidade Católica (principalmente Gustavo Bontadini), voltou a propor uma "metafísica clássica", que era basicamente a metafísica aristotélica. Da Católica saíram os estudos sobre Aristóteles de Giovanni Reale, e da escola paduana de Marino Gentile vieram os estudos do autor deste ensaio. Mas a presença de Aristóteles parece destinada a influenciar também a filosofia do século XXI, como o demonstra a publicação, em Cambridge, de um volume em homenagem a Jonathan Lowe, intitulado *Contemporary Aristotelian Metaphysics*, no qual colaboraram importantes filósofos da Europa do norte e da América do Norte.⁵

---

4 BERTI, E. *Aristotele nel Novecento* (nova edição). Laterza: Roma-Bari, 2008.
5 TAHKO, T.E. (Ed.), *Contemporary Aristotelian Metaphysics*. Cambridge: Cambridge University. Press, 2012.

Referências bibliográficas

A edição crítica completa das obras de Aristóteles é: *Aristotelis Opera ex recensione I. Bekkeri*, Reimer, Berolini, 1831; 2ª ed. a cargo de O. Gigon, W. de Gruyter, Berlim, 1960-1987. Obras isoladas foram editadas por Clarendon Press, Oxford, e por Les Belles Lettres, Paris.

A melhor tradução integral é a inglesa, realizada por vários autores e organizada por J. Barnes, *The Complete Works of Aristotle. The Revised Oxford Translation*, Princeton University Press, Princeton, 1984.

Uma tradução italiana quase completa (faltam os *Meteorologica* e a *Historia Animalium*) foi realizada por diversos autores e editada por G. Giannantoni para a editora Laterza, em Roma-Bari, 1973. Outras traduções italianas foram publicadas pela Bompiani, em Milão; Utet, em Turim; e Rizzoli, em Milão.

Indico abaixo os principais estudos italianos ou traduzidos para o italiano.

Sobre o pensamento em geral

ACKRILL, J. L. *La Filosofia di Aristotele*. Bologna: Il Mulino, 1993.

ALLAN, D. J. *La Filosofia di Aristotele*. Milano: Lampugnani Nigri, 1973.

BERTI, E. *Profilo di Aristotele*. 2ª ed. Roma: Studium, 2012.

_____. (Ed.). *Guida ad Aristotele*. Roma-Bari: Laterza, 2007.

DÜRING, I. *Aristotele*. Milano: Mursia, 1976.

IRWIN, T. H. *I princìpi primi di Aristotele*. Milano: Vita e Pensiero, 1996.

LLOYD, G. E. R. *Aristotele*. Bologna: Il Mulino, 1985.

REALE, G. *Introduzione a Aristotele*. Roma-Bari: Laterza, 2002.

ROSS, W. D. *Aristotele*. Milano: Feltrinelli, 1971.

Sobre a vida e a evolução do pensamento

JAEGER, W. *Aristotele. Prime Linee per una Storia della sua Evoluzione Spirituale*. Firenze: Sansoni, 2004.

Sobre os diálogos

BERTI, E. *La Filosofia del "Primo" Aristotele*. 2ª ed. Milano: Vita e Pensiero, 1997.

Sobre a lógica

BERTI, E. *Le Ragioni di Aristotele*, Roma-Bari: Laterza, 1989.

VIANO, C. A. *La Logica di Aristotele*. Torino: Taylor, 1955.

Sobre a física

WIELAND, W. *La Fisica di Aristotele*. Bologna: Il Mulino, 1993.

Sobre a psicologia

CAMBIANO, G.; REPICI, L. (Orgs.). *Aristotele e la Conoscenza*. Milano: LED, 1993.

GRASSO, M.; ZANATTA, R. *La Forma del Corpo Vivente: Studio sul De Anima di Aristotele*. Milano: Unicopli, 2005.

Sobre a biologia

LANZA, M.; VEGETTI, D. *Introduzione a Aristotele. Opere Biologiche.* Torino: Utet, 1974.

Sobre a metafísica

BAUSOLA, G.; REALE, A. (Orgs.). *Aristotele. Perché la Metafisica*. Milano: Vita e Pensiero, 1994.

BERTI, E. *Aristotele: dalla Dialettica alla Filosofia Prima.* 2ª ed. Milano: Bompiani, 2004.

_____. *Struttura e Significato della "Metafisica" di Aristotele.* Roma: Edusc, 2008.

DONINI, P. L. *Introduzione alla lettura della "Metafisica" di Aristotele.* Firenze: La Nuova Italia, 1995.

FREDE, G.; PATZIG, M. *Il Libro Z della "Metafisica" di Aristotele.* Milano: Vita e Pensiero, 2001.

LUGARINI, L. *Aristotele e L'Idea della Filosofia.* Firenze: La Nuova Italia, 1971.

REALE, G. *Il Concetto di Filosofia Prima e L'Unità della "Metafisica" di Aristotele.* 7ª ed. Milano: Vita e Pensiero, 2008.

Sobre a ética

ANNAS, J. *La Morale della Felicità in Aristotele e nei Filosofi dell'età Ellenistica.* Milano: Vita e Pensiero, 1998.

NATALI, C. *La Saggezza di Aristotele.* Napoli: Bibliopolis, 1989.

NUSSBAUM, M. C. *La Fragilità del Bene.* 2ª ed. Bologna: Il Mulino, 2002.

Sobre a política

BIEN, G. *La Filosofia Política di Aristotele*. Bologna: Il Mulino, 1985.

KULLMANN, W. *Il Pensiero Politico di Aristotele*. Milano: Guerini, 1992.

RIEDEL, M. *Metafisica e Metapolitica. Studi su Aristotele e sul Linguaggio Político della Filosofia Moderna*. Bologna: Il Mulino, 1990.

Sobre a retórica

LUCCHETTA, G. *Scienza e Retorica in Aristotele*. Bologna: Il Mulino, 1993.

Sobre a poética

DONINI, P. *La Tragedia e la vita. Saggi sulla Poetica di Aristotele*. Alessandria: Dell'Orso, 2003.

Seja-me permitido, enfim, apontar os seguintes estudos, com respeito a alguns aspectos particulares do pensamento de Aristóteles:

BERTI, E. *Studi Aristotelici*. 2ª ed. Brescia: Morcelliana, 2012.

_____. *Nuovi Studi Aristotelici. Epistemologia, Logica, Dialettica*. Brescia: Morcelliana, 2004; *Fisica,*

Antropologia, Metafisica. Ibidem, 2005; *Filosofia Pratica. Ibidem,* 2008; *L'Influenza di Aristtele,* 1, *Antichità, Medioevo, Rinascimento. Ibidem,* 2009; 2, *Età moderna e contemporanea. Ibidem,* 2010.

Índice onomástico

A

Abelardo – 163

Achillini, Alessandro – 167

Ackrill, John – 177

Adrasto – 156

Alberto de Colônia – 164

Alcínoo – 156

Alexandre da Macedônia – 11, 12, 14

Alexandre de Afrodísias – 22, 79, 157, 158, 160

Alesse, Francesca – 90

Alexis I – 160

Al Farabi – 162

Al Gazali – 162

Alighieri, Dante – 165

Al Kindi – 161

Allan, Donald J. – 178

Amônio – 158

Anaxágoras – 95, 96

Anaxímenes – 95

Andrônico de Rodes – 20, 27, 155

Annas, Julia – 180

Anscombe, Gertrud Elizabeth Margaret – 173

Antípatro – 14

Antístenes – 53

Apelicão de Atenas – 20

Apolo Lício – 13

Árquitas – 156

Arendt, Hannah – 172

Argirópulos, João – 166

Aristoxeno – 13

Aronadio, Francesco – 90

Aspásio – 156

Atenas – 9, 12, 14, 15, 20, 155, 158, 159

Ateneu – 22

Aubenque, Pierre – 173

Austin, John Langshaw – 173

Avempace – 162

Averróes – 162, 163, 164

Avicebron – 162

Avicena – 164, 165

B

Barnes, Jonathan – 177

Bausola, Adriano – 179

Bekker, Immanuel – 20, 21, 171

Berti, Enrico – 23, 90, 173, 178, 179, 180, 181

Bessarião, João – 163

Bien, Günther – 181

Boaventura de Bagnoregio – 164

Boécio, Severino – 159

Boeto de Sidon – 156

Bonitz, Hermann – 21, 171

Bontadini, Gustavo – 174

Borek, Ernest – 89

Brague, Rémi – 173

Brandis, Christian August – 21, 171

Brentano, Franz – 172

Bruni, Leonardo – 166

Buridano, João – 165

Bywater, Ingram – 173

C

Caetano de Thiene – 166

Cálias – 38, 49, 92

Calipo – 111

Calístenes – 11, 14

Calogero, Guido – 23, 174

Cambiano, Giuseppe – 179

Carlini, Armando – 174

Carlos Martel – 161

Carlos V – 168

Cefisodoro – 10

Cícero – 22, 155

Clauberg, Johann – 106, 169

Comnena, Ana – 160

Constantino – 159

Copérnico, Nicolau – 68, 168

Corisco – 10, 108

Courtine, Jean-François – 173

Cousin, Victor – 172

Critolau – 155

Cuvier, Georges – 83

D

Dalfino, Maria Cristina – 90

Darwin, Charles – 84

Davi de Dinant – 164

Del Medigo, Elias – 166

Delbrück, Max – 89

Demócrito – 62, 95

Descartes, René – 168

Dicearco – 13

Diógenes, Laércio – 9, 22

Donini, Pierluigi – 137, 180, 181

Düring, Ingemar – 9, 178

Duns Escoto, João – 167

E

Egídio Romano – 164

Elias – 159

Empédocles – 66, 95, 96

Epicuro – 121

Erasmo de Roterdã – 166

Erasto – 10

Escoto, Miguel – 163

Espeusipo – 10, 12, 112

Ésquilo – 136

Estrabão – 20

Estratão – 13

Eudemo de Chipre – 24

Eudemo de Rodes – 13, 24, 114

Eudoro de Alexandria – 155, 156

Eudóxio de Cnido – 10, 111

Eustrácio de Niceia – 160

F

Feuerbach, Ludwig – 171

Filipe de Opunte – 10

Filipe II da Macedônia – 11, 12

Filistião de Siracusa – 10

Filodemo – 22

Fílon – 22

Filopônio – 159

Fócio – 160

Fonseca, Pedro de – 167

Frede, Michael – 180

Frederico II – 163

G

Gadamer, Hans-Georg – 172

Galeno – 157

Galileu Galilei – 68, 168

Gentile, Giovanni – 174

Gentile, Marino – 174

Giannantoni, Gabriele – 90, 177

Gigon, Olof – 21, 177

Göckel, Rudolf – 107, 171

Gotthelf, Alan – 83

Grasso, Roberto – 179

Grilo – 24

Grócio, Hugo – 169

Guilherme de Mörbeke – 165

Guilherme de Occam – 165

Gundisalvi, Domingos – 163

H

Harvey, William – 89, 168

Hegel, Georg – 170, 171

Heidegger, Martin – 134, 172

Henrique de Gand – 164

Heráclides Pôntico – 10

Heráclito – 53, 95

Hérmias – 10, 11, 14

Hermínio – 156

Heródoto – 127

Herpilis – 14, 15

Hobbes, Thomas – 168

Homero – 136

I

Ibn Bahia – 162

Ibn Daud – 163

Ibn Gabirol – 162

Ibn Rushd – 162

Ibn Sina – 162

Irwin, Terence H. – 178

Isócrates – 10, 24

J

Jaeger, Werner – 23, 172, 174, 178

Jâmblico – 22

Jonas, Hans – 172

Justiniano – 159

K

Kant, Immanuel – 169

Kenny, Anthony – 173

Kierkegaard, Søren – 171

Kullmann, Wolfgang – 181

L

Lanza, Diego – 86, 179

Las Casas, Bartolomeu de – 168

Leibniz, Gottfried Wilhelm – 169

Leucipo – 62, 95

Lineu, Carlos – 83

Lloyd, Geoffrey E.R. – 178

Locke, John – 168

Lorhard, Jacob – 106, 169

Lowe, E. Jonathan – 174

Lucchetta, Giulio – 181

Lugarini, Leo – 180

Lukasiewicz, Jan – 173

Lutero, Martinho – 166, 167

M

MacIntyre, Alasdair – 173

Maimônides, Moisés – 162

Mansion, Augustin – 90

Manuzio, Aldo – 166

Maomé – 160

Maquiavel, Nicolau – 129

Marsílio de Pádua – 165

Marsílio Ficino – 166

Marx, Karl – 125, 171

Mayr, Ernest – 89

Melanchton, Filipe – 167

Melisso – 53, 95

Michelet, Karl – 172

Miguel de Éfeso – 160

Milon – 118

Monod, Jacques – 89

Moraux, Paul – 90

N

Natali, Carlo – 180

Neleu – 20

Newton, Isaac – 68, 168, 170

Nicanor – 15

Nicolau de Damasco – 155

Nicolau Oresme – 165

Nicômaco (filho de Aristóteles) – 14, 15, 114

Nicômaco (pai de Aristóteles) – 9

Nifo, Agostinho – 167

Nussbaum, Martha C. – 176, 180

O

Owen, Gwilym Ellis Lane – 173

P

Parmênides – 95

Patzig, Günther – 180

Pereira, Benito – 167

Perelman, Chaim – 173

Péricles – 12, 121

Petrarca, Francisco – 165

Pítias (esposa de Aristóteles) – 11, 15

Pítias (filha de Aristóteles) – 15

Platão – 9, 10, 12, 24, 25, 26, 27, 30, 32, 33, 44, 48, 58, 62, 63, 66, 73, 74, 80, 90, 95, 96, 106, 108, 109, 112, 115, 118, 121, 127, 156, 158, 159, 160, 161

Pletão, Gemistos – 166

Plotino – 158, 162

Plutarco – 20, 22

Pomponazzi, Pedro – 167

Porfírio – 158

Prigogyne, Ilya – 173

Proclo – 22, 162

Proxeno – 9, 15

Pselo, Miguel – 160

Pufendorf, Samuel – 169

Putnam, Hilary – 173

R

Ravaisson, Félix – 172

Reale, Giovanni – 174, 178, 179, 180

Repici, Luciana – 179

Ricoeur, Paul – 173

Riedel, Manfred – 181

Roscelino – 163

Rose, Valentin – 21

Ross, William David – 173, 178

Rossitto, Cristina – 27

Ryle, Gilbert – 173

S

Schelling, Friedrich Wilhelm – 172

Sêneca – 22

Sepúlveda, Ginés de – 167

Siger de Brabante – 164

Silas – 20

Simeoni, Luca – 90

Simplício – 159

Siriano – 21, 158

Sócrates – 12, 30, 31, 32, 39, 76, 92, 95, 102, 103, 108, 133, 151

Sófocles – 136

Sólon – 13

Sosígenes – 156

Spinelli, Emidio – 90

Spinoza, Baruch de – 168

Strawson, Peter Frederik – 173

Suárez, Francisco – 168, 169

T

Tales de Mileto – 95

Temísones – 24

Teodoro de Gaza – 166

Teodósio – 159

Teofrasto de Éreso – 10, 13, 20, 84, 155

Tahko, Tuomas E. – 174

Thom, René – 173

Thouard, Denis – 172

Tiranião – 20

Tomás de Aquino – 79, 90, 164, 165

Trapezúncio, Jorge – 166

Trendelenburg, Friedrich Adolf – 171, 172

U

Usener, Hermann – 21

V

Vailati, Giuseppe – 174

Vegetti, Mario – 86, 179

Vêneto, Giacomo – 163

Vêneto, Paulo – 166

Vernia, Nicoletto – 166

Viano, Carlo Augusto – 179

Vitoria, Francisco – 167

Volpi, Franco – 134, 172

W

Wardy, Robert – 170

Weber, Max – 124

Wieland, Wolfgang – 179

Wiggins, David – 173

Wolff, Christian – 169

X

Xantipa – 12

Xenarco de Selêucia – 156

Xenócrates – 10, 12

Xenofonte – 24

Z

Zabarella, Giacomo – 167

Zanatta, Marcello – 179

Zenão – 63

Zeus – 15

Zimara, Marco Antonio – 167

A marca FSC® é a garantia de que a madeira utilizada na fabricação do papel deste livro provém de florestas que foram gerenciadas de maneira ambientalmente correta, socialmente justa e economicamente viável.

Esta obra foi composta em CTcP
Capa: Supremo 250g – Miolo: Pólen Soft 80g
Impressão e acabamento
Gráfica e Editora Santuário